体育院校通用教材

高尔夫礼仪文化概论

吴亚初　陈　琦　主编

全国体育院校教材委员会　审定

人民体育出版社

图书在版编目（CIP）数据

高尔夫礼仪文化概论 / 吴亚初, 陈琦主编. -- 北京:
人民体育出版社, 2015（2024.9重印）
体育院校通用教材
ISBN 978-7-5009-4853-7

Ⅰ.①高… Ⅱ.①吴…②陈… Ⅲ.①高尔夫球运动
—礼仪—体育院校—教材②高尔夫球运动—文化—体育院
校—教材 Ⅳ.①G849.3

中国版本图书馆CIP数据核字(2015)第203723号

*

人 民 体 育 出 版 社 出 版 发 行
北京建宏印刷有限公司印刷
新 华 书 店 经 销

*

787×960　16开本　12印张　206千字
2015年11月第1版　　2024年9月第2次印刷
印数：4,001—4,500册

*

ISBN 978-7-5009-4853-7
定价：40.00元

社址：北京市东城区体育馆路8号（天坛公园东门）
电话：67151482（发行部）　　　邮编：100061
传真：67151483　　　　　　　　邮购：67118491
网址：www.psphpress.com
（购买本社图书，如遇有缺损页可与邮购部联系）

前　言

高尔夫运动被誉为"绅士运动"，究其原因是这项运动具有西方绅士文化的社会底蕴，它体现了"尊重他人、保护环境、诚信自律、恪守礼仪"的人文精神。因此，人们也就把高尔夫礼仪视为高尔夫运动标志性的"文化符号"。

2014 年 11 月由国家体育总局科教司所属全国体育院校教材委员会高尔夫教材编写组与人民体育出版社共同组织，在广州体育学院举办了"全国第三届高尔夫教材编写暨高尔夫专业教学研讨会"。在此会议上，《高尔夫礼仪文化概论》被确立为全国第二批高尔夫专业教材建设。2015 年 4 月在湖南长沙涉外经济学院组织了由广州体育学院、南京体育学院、河北体育学院、武汉体育学院、上海体育学院、沈阳体育学院、成都体育学院、湖南长沙涉外经济学院、南京旅游经贸学院、辽宁职业学院、湖南旅游职业学院、上海视觉艺术学院等十余所高校高尔夫专业教师参加的《高尔夫礼仪文化概论》编写研讨会。与会专家和老师们认为，高尔夫礼仪是高尔夫文化的重要组成部分，是高尔夫运动精神的重要体现，也是高尔夫专业教学不可缺少的重要内容。

《高尔夫礼仪文化概论》以高尔夫礼仪文化的历史发展轨迹、高尔夫礼仪文化的发展结构，以及高尔夫礼仪文化的发展实践三个基本认识为基础，形成了贯穿整个教材的逻辑关系。在国家体育总局科教司和人民体育出版社的组织领导下，各位参编老师本着认真负责、科学敬业的态度，坚持理论联系实际，以唯物主义的认识方法，从通观整体认识与实践相结合的角度，在最短的时间内完成了《高尔夫礼仪文化概论》的编写工作。

《高尔夫礼仪文化概论》教材编写提纲由吴亚初、陈琦设计，各章的作者如下：

绪　论　吴亚初、李康（上海视觉艺术学院）；

第一章　陈琦、谭建共（广州体育学院）；

第二章　麦全安（广州体育学院）、李康；

第三章　黄志勇（武汉体育学院）；

第四章　吴亚初、李康；

第五章　李勇勤（南京体育学院）、谢培山（湖南涉外经济学院）；

第六章　赵伟、张志敏（河北体育学院）；

第七章　谢培山、张敏（南京经贸旅游学院）；

第八章　李丹（湖南涉外经济学院）、李菲（湖南高尔夫旅游学院）；

第九章　金银日（上海体育学院）、李勇勤。

最后的统稿工作由吴亚初完成。

《高尔夫礼仪文化概论》教材的编写工作得到了广州体育学院、湖南涉外经济学院的大力支持，为本教材的编写工作做出了默默无闻的贡献。借教材出版之际表示深深的感谢。也借此机会，感谢各个参编老师所在单位对本教材编写工作的大力支持。

《高尔夫礼仪文化概论》编写组

2015 年 7 月 30 日

目 录

绪 论

上 篇 高尔夫礼仪文化轨迹论

下篇　高尔夫礼仪文化实践论

绪 论

内容提要：礼仪，是人类文明进程中具有悠久历史的文化创造。由于东西方社会发展的历史境遇与人文特征的不同，礼仪的文化启蒙与发展背景也就各不相同。高尔夫礼仪是高尔夫运动标志性的"文化符号"，是西方传统文化与高尔夫运动的社会发展实践的"衍生品"。本绪论着重介绍礼仪的定义、特征与类别，现代礼仪的启蒙与社会发展，高尔夫礼仪文化的概念与社会特征，以及学习《高尔夫礼仪文化概论》的目的和意义。

关键词：礼仪；高尔夫礼仪；学习目的；学习意义。

礼仪，是人类文明演进过程中，体现人的社会属性在维持"人伦秩序"和协调社会交往过程中所表现出的协调主客观矛盾的"文化创造"。由于东西方社会发展的历史境遇与文化背景的差异，人们对礼仪的认识和理解也有诸多的表述。

在中国传统文化中，人们普遍认为礼仪源于祭祀。东汉许慎的《说文解字》对"礼"字的解释为："履也，所以事神致福也。从示，从豊，豊亦声"，意思是实践约定的事情，用来给神灵看，以求得赐福。因此，在中国传统文化中，"礼仪"一词源自古代祭祀神灵的仪式。我国近代著名文学家、历史学家、考古学家郭沫若在《十批判书》中指出："礼之起，起于祀神，其后扩展而为人，更其后而为吉、凶、军、宾、嘉等多种仪制。"而在西方，"礼仪"一词，最早见于法语的 Etiquette，原意为"法庭上的通行证"。但它一进入英文后，就有了礼仪、礼节的含义，意即人际交往的"通行证"。

高尔夫礼仪，是高尔夫运动在历史演进与社会发展过程中，受到西方传统文化的影响与行为方式的渗透，逐渐形成了具有西方传统文化底蕴和现代高尔夫运动标志性特征的"文化符号"。

一、礼仪的定义、特征与类别

（一）礼仪的定义与特征

中国古代对礼仪的认识有"五礼"之说，即"祭祀之事为吉礼，冠婚之事为喜礼，宾客之事为宾礼，军旅之事为军礼，丧葬之事为凶礼"。因此，民间也就有了"生、冠、婚、丧"四种人生礼仪的文化习俗。

西方礼仪的启蒙，与人们为了维持与发展血缘亲情以外的各种人际关系，避免"格斗"或"战争"有关，如：为了表示自己手里没有武器，让对方感觉到自己没有恶意而创造了举手礼，后来演进为握手；为了表示自己的友好和尊重，愿在对方面前"丢盔卸甲"，于是创造了"脱帽礼"等。总之，东西方礼仪的文化习俗与不同的社会文化背景有着密切的关联性。

1. 礼仪的定义

所谓礼仪，是指在人际交往中，以一定的、约定俗成的程序方式来表现的律己敬人的手段和过程。礼仪包括四个含义，即礼貌、礼节、仪式、仪表。

礼貌，是指人与人之间和谐相处的意念和行为，是言谈举止对他人尊重与友好的体现。礼貌是建立和谐人际关系、构建和谐社会的重要组成部分。东汉时期著名经济学家、画家赵岐，对礼貌的释义为："礼者，接之以礼也；貌者，颜色和顺，有乐贤之容。礼衰，不敬也；貌衰，不悦也。"可见礼貌是人与人交往过程中，和谐关系、沟通情感的重要渠道。

礼节，是指人们在社会交往过程中表示对他人尊重、祝颂、致意、问候、哀悼等惯用的形式和规范，是向他人表示敬意的某种动作和形式。比如：拥抱、亲吻、举手、致意、双手合十、脱帽、作揖等。

仪式，是指人们在不同的场合从事社会交往中，有意识、有组织的专门程序和规范化的活动。比如：升旗仪式、迎宾仪式、婚礼仪式、宴会仪式等。

仪表，是指人们在社会交往中的外在的表现，如：容貌、服饰、姿态、举止等。

从个人修养的角度讲，礼仪可以说是一个人内在修养和素质的外在表现；从社会交际的角度讲，礼仪是人际交往中适用的一种艺术、一种交际方式或交际方法，是人际交往中约定俗成的示人以尊重、友好的习惯做法；从社会传播的角度讲，礼仪是在现代人际交往中，反映不同社会领域人们进行相互沟通的技巧。

2. 礼仪的特征

在人类文明的社会演进过程中，礼仪作为一种象征人类文明进步的文化创造，与其他学科的社会实践相比，礼仪具有自身的特征，并且体现在以下方面：

(1) 行为体现的规范性

礼仪是人们在交际和待人接物时必须遵守的行为规范。礼仪的行为规范，不仅约束着人们在一切交际场合的言谈话语、举止行为要合乎礼仪的"约定俗成"，而且也是人们在一切交际场合必须采用的一种"通用语言"，是衡量他人、判断自己是否自律、敬人的一种尺度。古今中外，凡是有人类生活的地方，就必然存在人们交往中的各种各样的礼仪规范。从远古时期人类为了求生存要祭神以求保护的礼仪，到过年过节家家户户摆起烛台祭祖宗，祭天神、地神和灶神，以求来年风调雨顺，阖家幸福；从大到一个国家的国庆庆典，小到一个企业公司的开张志喜，再到人们日常生活中的接待、交谈、宴请等，礼仪规范是一种人们约定俗成、自觉遵守的行为准则。因此，礼仪的规范性是礼仪行为体现的基本特征。

(2) 活动范围的局限性

礼仪是人们社会交往中体现对他人尊重的一种行为规范，因此，礼仪主要适用于交际场合，适用于普通情况之下一般的人际交往与应酬。在这个特定范围之内，礼仪肯定行之有效，离开了这个特定的范围，礼仪则未必适用。不同的场合，不同的环境与不同的身份，礼仪的应用也会各有不同，甚至还会差异很大。因此，活动范围的局限性，是礼仪运用的基本特征。

(3) 行为方法的可操作性

在人们各种社会交往过程中，礼仪的行为方法具有实用可行、规则简明、易学易会的特点。比如："握手礼"是现代人们交往中普遍运用的礼仪，但在与女士交往中，如果女性不主动伸手男士是不能主动与女性握手的。像这种礼仪，只要事先知道就会在运用握手礼时注意。因此，现代礼仪的运用方法具有简便易行、容易操作的特征。

(4) 文化价值的传承性

不同国家和不同文化背景下的礼仪，都具有自己鲜明的民族特色。任何国家和民族的礼仪，都是在本国和本民族文化传承的基础上发展起来的。作为一种人类的文明积累，礼仪将人们在交际应酬之中的习惯做法固定下来，流传下去，并逐渐形成自己的民族特色，这不是一种短暂的社会现象，也不会因为社会制度的更替而消失，因此，礼仪具有文化价值的传承性特征。

（5）时代发展的动态性

礼仪是人类文明进步与社会历史发展的产物，并具有鲜明的时代发展的特征。首先，礼仪是在人类长期的社会交际活动实践中形成、发展、完善起来的，具有不同时期社会发展的人文特点和历史背景。其次，社会的发展、历史的进步，又引起众多社交活动的新特点、新问题的出现，同时也要求礼仪顺应社会发展的需要而有所变化、有所进步、推陈出新和与时代同步，以适应新形势下新的要求。比如：早期的高尔夫运动着装与现代高尔夫运动着装要求就有很大的差异性，这是不同时期的人文价值取向反映在高尔夫运动着装礼仪的基本特征。因此，礼仪作为社会发展的必然产物，具有鲜明的时代发展的动态性特征。

（二）礼仪的类别

礼仪，是人类文明演进过程中十分重要的文化创造。随着人们社会交往的日益频繁，社会交往的领域也越来越广泛，礼仪的运用也逐渐形成了符合人们不同社会活动需要的行为方式。归纳起来讲，礼仪的类别主要体现在以下五个方面。

1. 政务礼仪

是指政务人员，特别是国家公务员，作为国家机关形象的代表，在日常工作及生活中应掌握并遵守的礼仪规范。主要包括修饰礼仪、行政礼仪、外事礼仪、接待礼仪等。

2. 社交礼仪

是指在人际交往、社会交往和国际交往活动中，用于表示尊重、亲善和友好的首选行为规范和惯用形式。社交礼仪集中体现了社会道德层面的行为规范，其核心是表示对他人的尊重，并且具有维持社会和谐与正常生活秩序的功能与作用。因此，社交礼仪具有人际交往和社会交往的普遍性，是礼仪行为方式的重要内容。

3. 商务礼仪

是指人们在各种商务活动中，体现彼此相互尊重的行为准则，即商务活动中对人的仪容仪表和言谈举止的普遍要求。在现代经济全球化的推进下，商务礼仪运用的领域也更加宽泛。比如：公共关系礼仪、谈判礼仪、经济协议签约礼仪、办公室礼仪、求职礼仪等。

4. 服务礼仪

是指服务行业人员，出于对服务对象的尊重与友好，在服务过程中所体现的仪表、仪容、仪态、语言服务方法的规范使用，以及在服务操作中必备的素质和基本条件。

5. 涉外礼仪

是涉外交际当中所应体现的礼仪规范。由于不同国家、不同地域的文化背景的差异，各个国家的涉外礼仪也有不同的表现。如我国在涉外礼仪中确立了"涉外通则"的相关规定等。

二、现代礼仪的启蒙与社会发展

（一）现代礼仪的启蒙

礼仪是人类文明进步与社会发展的必然产物，是为了人类自身的生存和发展，保持以群居的形式相互依存、相互依赖的主观诉求。因此，礼仪实际上就是人类为了满足自身的这种主观诉求，而启蒙了用于维持人与自然和人与人之间的和谐关系的行为方式。追溯现代礼仪的启蒙，概括起来主要有以下渊源。

1. 人们对自然界神灵的信仰与敬畏

原始社会，人类处在变化莫测的大自然中，无法解释千变万化的自然现象和突如其来的自然灾害，认为天地神灵是主宰这一切的力量。所以就进行一些祭祀活动，以表示他们对天地、神灵、祖宗的敬畏，祭祈天地、神灵，保佑风调雨顺，祈祷祖先显灵，拜求降福等等，为祈祷而举行的仪式是古代礼仪的萌芽。因此有了"礼立于敬而源于祭"的说法。

2. 来自家庭成员之间的言行规范

家庭是社会关系的基本组成单位，也是具有血缘关系或婚姻关系的组合方式。在家庭组合方式结构中，父母要抚养、关爱、教育孩子，而成人要赡养、照顾父母，兄弟姐妹之间要有关爱。因此，家庭成员之间的言行规范，也就成为礼仪的形成与发展的基本承载体。早在舜尧时代，就对家庭成员之间的关系有明确规定，即父义、母慈、兄友、弟恭、子孝。

3. 人们社会交往沟通的需要

人是具有社会属性的生物个体，人需要在社会交往中不断完善自我。由于人们在彼此的交往过程中，具有模仿性与感染性的特征，比如原始社会的人们在狩猎、耕种和部落之间的争斗中，用眼神、肢体语言等来表示自己的想法，互相配合，用击掌、拍手、拥抱等方式表示收获后喜悦、高兴等，因此，在人类社会交往活动中，逐渐形成了相互呼应与模仿的习俗。这种大家约定俗成的习俗，也是后来礼仪逐渐成为一种人类文明进步的社会基础。

4. 维系社会等级差别的需要

随着社会的发展，社会生产与分工越来越细，社会分层也开始出现。不同社会地位和不同社会身份的人们交往，促成了尊卑有序、男女有别的社会现象。于是，当不同社会地位和不同身份的人们相聚或参加各种聚会活动时，就有了一定的出场先后、介绍顺序、聚会座次等行为特征。而随着社会等级分化的深入与不断扩展，人们也逐渐将表现社会等级差别的行为规范，运用到了不同环境和不同社会活动的诸多领域，形成了社会交往中普遍遵守的礼仪规范。

(二) 东西方礼仪文化的社会发展

礼仪是人类社会发展进程中，反映人类追求社会和谐的文化创造。由于东西方文化的差异，礼仪文化的社会发展，以及不同领域的表现方式也存在着很大的差异性。

1. 中国礼仪文化的社会发展

中国是传承数千年的礼仪之邦，在华夏五千年的文化传承中，礼仪的演变与发展大致可分五个阶段。

(1) 华夏文明的启蒙时期 (约公元前 21 世纪初)

中国礼仪的发展，可以追溯到华夏文明的启蒙时期。在原始社会中、晚期 (约旧石器时代) 就出现了早期礼仪的萌芽。整个原始社会是礼仪的萌芽时期，礼

仪较为简单和虔诚，还不具有阶级性。内容包括制定了明确血缘关系的婚嫁礼仪、区别部族内部尊卑等级的礼制、为祭天敬神而确定的一些祭典仪式、制定一些在人们的相互交往中表示礼节和表示恭敬的动作等。

（2）礼仪初步形成时期（约公元前 2070—前 1600）

约公元前 2070 至公元前 1600，是中国第一个王朝——夏王朝时期。夏朝的诞生标志着原始社会基本结束，数千年的阶级社会从此开始，成为中华文明史上的一个重要里程碑。在这个阶段，中国第一次形成了比较完整的国家礼仪与制度。如"五礼"就是一整套涉及社会生活各方面的礼仪规范和行为标准。古代的礼制典籍亦多撰修于这一时代，如周代的《周礼》《仪礼》《礼记》就是我国最早的礼仪学专著。在汉以后 2000 多年的历史中，它们一直是国家制定礼仪制度的经典著作，被称为礼经。

（3）礼仪变革时期（公元前 1600—前 221 年）

在中国历史上，这一时期的公元前 770 年至公元前 221 年称为春秋战国时代，也是中国传统礼仪文化变革的重要历史时代。由于这一时代，以孔子、孟子、荀子为代表的诸子百家对礼教给予了研究和发展，对礼仪的起源、本质和功能进行了系统阐述，第一次在理论上全面而深刻地论述了社会等级秩序划分及其意义。

孔子把"礼"看成是治国、安邦、平定天下的基础。他认为"不学礼，无以立"，"质胜文则野，文胜质则史。文质彬彬，然后君子"。他要求人们用礼的规范来约束自己的行为，要做到"非礼勿视，非礼勿听，非礼勿言，非礼勿动"。倡导"仁者爱人"，强调人与人之间要有同情心，要相互关心，彼此尊重。

孟子把礼解释为对尊长和宾客严肃而有礼貌，即"恭敬之心，礼也"，并把"礼"看作是人的善性的发端之一。

荀子把"礼"作为人生哲学思想的核心，把"礼"看作是做人的根本目的和最高理想，"礼者，人道之极也"。他认为"礼"既是目标、理想，又是行为过程。"人无礼则不生，事无礼则不成，国无礼则不宁"。

管仲把"礼"看作是人生的指导思想和维持国家的第一支柱，认为礼关系到国家的生死存亡。这一时期也是中国传统文化发展的最具特色的年代，史学界称之为"百家争鸣"时代。

（4）礼仪强化时期（公元前 221——公元 1911 年）

公元前 221 年，中国历史上第一个封建帝国——秦王朝建立，它是由战国时代后期的秦国发展起来的统一大帝国。由此开始，在我国长达 2000 多年的封建社会里，尽管在不同的朝代礼仪文化具有不同的社会政治、经济、文化特征，但却有一个共同点，就是一直为统治阶级所利用，礼仪是维护封建社会等级秩序的文化工具。这一时期的礼仪的重要特点是"尊君抑臣""尊夫抑妇""尊父抑子""尊神抑人"。

在长达 2000 多年的社会发展进程中，中国传统礼仪作为社会文化传承与发展的重要组成部分，为维系一定的社会关系，倡导封建社会的主流文化价值观，发挥了积极的作用。因此，中国封建社会的礼仪，大体上可以分为涉及国家政治的礼制和家庭伦理两大类。应该说，这种礼仪文化的基本架构，形成了中华传统礼仪文化的主体。

(5) 现代礼仪的发展（公元 1911 年开始）

1911 年辛亥革命以后，受西方资产阶级"自由、平等、民主、博爱"的思想影响，中国的传统礼仪规范、制度，受到强烈冲击。五四新文化运动对腐朽、落后的礼教进行了清算，符合时代要求的礼仪被继承、完善、流传，那些繁文缛节逐渐被抛弃，同时接受了一些国际上通用的礼仪形式（如源自西方的握手礼）。新的礼仪标准、价值观念得到推广和传播。

新中国成立后，逐渐确立以平等相处、友好往来、相互帮助、团结友爱为主要原则的具有中国特色的新型社会关系和人际关系。改革开放以来，随着中国与世界的交往日趋频繁，西方一些先进的礼仪、礼节陆续传入我国，同我国的传统礼仪一道融入社会生活的各个方面，构成了当代中国礼仪文化的基本框架。许多礼仪从内容到形式都在不断变革，中国现代礼仪的文化发展也进入了一个全新的发展时期。

2. 西方礼仪文化的社会发展

在西方文明历史发展进程中，礼仪并没有一种固定的模式或制度。我们所说的西方礼仪，实际上是起源于欧洲后来又流入到美洲和澳洲，最后由这些地区流传到世界其他地区甚至"回流"到欧洲。所以西方礼仪虽然源于欧洲，但是，由于欧洲历史演进和移民迁徙等诸多原因，西方礼仪文化的社会发展，具有人类生活区域的广泛性和生活方式的直观性等人文特征。因此，西方礼仪的社会发展，主要受以下方面的影响。

(1) 宗教礼仪对西方礼仪文化的影响

宗教礼仪，是指宗教信仰者为对其崇拜对象表示崇拜与恭敬所举行的各种例行的仪式和活动，以及与宗教密切相关的禁忌与讲究。西方的宗教礼仪主要是指西方的基督教礼仪（包括后来分化出来的基督教三大教派），而基督教礼仪最基本的仪式就是祈祷与祭祀。

首先，基督教祈祷的对象是天主，祈祷的经文是向着圣母马利亚或圣人祈祷，但不是以圣母或圣人为祈祷的对象，而是求他们代向天主求恩，是一种求代祷的祈祷。其次，基督教的祭祀礼仪的意义在于通过奉献神所喜爱的东西，甚至奉献自己的生命于尊神，以示献祭者对神的无限崇敬。

因此，从宗教礼仪的社会发展来讲，西方礼仪文化的社会积淀，宗教礼仪的作用占有十分重要的位置。

(2) 服饰文化对西方礼仪文化的影响

从西方礼仪文化社会发展的轨迹来讲，与欧洲服饰文化有着重要的人文关联。早期欧洲的服饰文化中非常注重装饰与身份的象征意义。比如：兴起于中世纪的法国时装，就对欧洲产生了广泛持久的影响。路易十四宫廷里贵族夫人豪华的衣饰风行于欧洲上流社会，妇女头插优雅的羽毛，裙长及地、饰有花边，珠光宝气，雍容华贵；英国绅士传统，高挑、端庄，让英国男士成为"绅士文化"的代言人。由于早期欧洲不同着装与服饰表现，都体现出特定环境下人与人交往的行为准则，因此，西方服饰文化的社会变迁与发展，对礼仪文化具有不可替代的影响。

(3) 餐饮文化对西方礼仪文化的影响

由于人类生活的地域特征、气候环境、风俗习惯等因素的影响，不同地域的人们不仅会出现在原料、口味、烹调方法、饮食习惯上的差异，而且餐饮也是表现不同风俗、民情的一种文化现象。西方人餐饮文化注重"以人为本"，人们在宴席上，从用餐的餐具、用餐的配料、用餐服务等，均有严格的程序。而人们在用餐过程中的行为方式，如刀叉的摆放、使用等，又有符合用餐环境下的用餐规范。因此，西方人在餐饮中所形成的用餐礼仪，对西方礼仪文化的社会发展以及人们在其他社会活动中的礼仪规范，起到了"潜移默化"的教化作用。但随着社会的发展，西方餐饮礼仪也逐渐摆脱了宫廷贵族繁琐程序与苛刻用餐礼仪，更趋于由繁到简的一般西餐文化的餐饮礼仪。

(4) 婚嫁丧葬习俗对西方礼仪文化的影响

西方人求偶订婚与东方人的文化习俗一样，都有严格的礼节。未婚女子参加交际要有年长的妇女陪同，男子向女子求婚首先要征得女方父母的同意。而婚礼和丧葬更是要按照宗教的教规，在神父的主持下，人们虔诚地按照婚礼或丧葬礼，完成规定的礼节。这种婚嫁丧葬礼仪，成为西方礼仪文化中的重要内容，对西方礼仪文化的社会演变与发展，形成了重要的社会基础。

(5) 社交活动对西方礼仪文化的影响

社交活动在西方人们的生活中占有非常重要的位置，尤其早期的西方贵族阶层，更是把社交活动看作是一种"必修"的生活方式。人们通过不同环境下的社交活动，形成了一个特殊的社会群体。比如早期西方的俱乐部启蒙与发展，就是由社交活动衍生出的一种文化现象。人们在社交活动中，无论是着装规范，还是人们的谈吐，以及行为表现，都要符合特定环境下的礼仪规范。因此，社交活动不仅形成了西方特有的社交礼仪，而且也对西方礼仪文化的整体发展起到积极的推进与完善的作用。

三、高尔夫礼仪文化的概念与社会特征

高尔夫是一项古老的户外运动，也是当代体育运动社会发展进程中，风靡全球的体育运动。高尔夫礼仪，是高尔夫运动历史演进与当代社会发展进程中，反映高尔夫运动所倡导的精神价值取向，以及高尔夫运动过程中"约定俗成"的行为规范与表现方式的总和。高尔夫礼仪，是高尔夫运动标志性的"文化符号"，是西方礼仪文化与高尔夫运动的社会发展实践的"衍生品"，是表现西方文化人文特征的特殊文化现象。

（一）高尔夫礼仪文化的概念

高尔夫礼仪文化，是以高尔夫运动为核心，体现了人们在高尔夫运动过程中，以高尔夫运动精神为目的，既为人们所认同，又为人们所遵守的并且符合人际交往礼仪的要求及各种行为准则或规范的总和。

高尔夫礼仪文化，作为一种反映竞技运动与西方人文特征为一体的文化现象，是高尔夫运动在不同历史的社会发展，与社会主流文化价值取向、社会人文特征，以及社会个体的情感动机与社会群体氛围之间相互关系的作用，而逐渐形成了对高尔夫运动的社会发展具有标志性的文化特质。

在高尔夫运动长达几个世纪的历史发展进程中，也许早期的高尔夫球杆与现代运用高科技手段研发的高尔夫运动器具不可同日而语，而早期人们着西装打高尔夫球的球场礼仪，也早已不能适应今天休闲运动的着装要求。无论高尔夫运动器具与运动方式如何演变，但是"尊重他人""保护环境""恪守礼仪""诚信自律"的高尔夫运动精神，则始终没有改变。无论是东西方文化价值存在怎样的差异，但是，人们对高尔夫运动所倡导的精神的理解，形成了人们对高尔夫礼仪文化的共同认识基础。并且，人们在高尔夫运动与其他社会活动的相互促进下，又进一步延伸了高尔夫礼仪文化的社会发展空间与运用的范围。

（二）高尔夫礼仪文化的社会特征

高尔夫礼仪文化的社会发展基础，是不同历史时期的社会发展，以及社会人文环境所体现出的社会意识与价值取向，赋予了高尔夫运动不同的文化内涵，进而形成了人们在高尔夫礼仪的认识与行为方法上的基本特征。概括起来讲，高尔夫礼仪文化的社会特征主要体现以下方面。

1. 具有西方人文精神的文化基础

15 世纪初，随着早期高尔夫游戏的参与群体，逐渐拓展到"贵族集团"的王室成员及上流社会，预示着由牧羊人启蒙的"田园游戏"出现了顺应社会主流文化发展需要的文化转轨。"贵族集团"的上流社会群体对高尔夫游戏的参与，不仅仅是一种行动上的体验，更是一种社会"强势文化"对一种牧羊人自娱自乐游戏方式的"文化渗透"。

在中世纪的欧洲，贵族们无论是出席上院议会，还是涉足社交的公共场所，无论是骑马打仗还是狩猎于荒郊野外，都可以看到他们衣冠楚楚、西装革履，其行为都表现出因受绅士文化教育和熏陶的"贵族精神"气质。贵族们以其特有的"绅士文化"表现特征，对他们所钟爱的户外运动——高尔夫运动的影响与文化氛围的营造不仅是深刻的，而且是具有文化渗透性和排他性的。在中世纪的欧洲，社会主流文化价值取向，是以"绅士文化"作为社会主流文化的发展基础。而上流社会的"贵族集团"又将绅士文化作为"贵族精神"的重要体坝，并固化成为具有贵族阶层标志性的文化特质。这种反映西方早期人文品质的文化特质，对今天的高尔夫运动发展，仍然具有深刻的影响。因此，高尔夫礼仪文化，具有西方人文精神的文化基础的特征。

2. 具有符合竞技运动基本规律的文化基础

高尔夫运动是当代竞技运动的重要组成部分，也是风靡世界的户外休闲体育的重要手段。高尔夫运动的竞技环境与运动方法，不仅体现了高尔夫运动有别于其他竞技运动的独特性，而且在高尔夫运动漫长的社会发展与高尔夫规则的演变过程中，人们对高尔夫运动所倡导的精神价值取向，逐渐形成既符合高尔夫运动的基本规律，又彰显高尔夫文化的人文环境。高尔夫运动特有的人文环境，不仅保证了高尔夫运动过程和比赛的公正与客观的需求，而且也固化了高尔夫运动体现西方"绅士文化"特征的人文品质。

3. 具有符合人类"动机与需要"的价值诉求

人作为具有社会化功能的生物个体，从生理本能的安全需要，到社会交往、受人尊重和自我实现，这种逐级发展的价值需求，体现了人类进化与演变过程的基本规律。无论是早期高尔夫游戏的"启蒙"，还是中世纪人们社交活动延伸出来的"田园社交"的基本方式；无论是西方工业革命时期社会分工加剧，推进了职业高尔夫竞技的产生，还是现代休闲经济给人们的生活方式所带来的诸多影响与变化，不同时期的人们总是能够在高尔夫运动的社会发展实践中，找到社会交往、受人尊重、彰显自我实现的不同价值体验。因此，从高尔夫礼仪文化的社会属性来讲，高尔夫礼仪文化的核心，体现了人类价值需求与社会交往中维持和谐人际关系的社会发展基础与人文特征。

4. 具有符合社会主流文化的价值取向

高尔夫运动素以"高雅、文明、健康、时尚"的称谓被人们所认识、被人们所接受。虽然人们对高尔夫运动社会发展的认识与评价角度各不相同，但是，高尔夫运动所倡导的"尊重他人、保护环境、诚信自律、恪守礼仪"精神价值取向，与不同时期的社会主流文化具有"一脉相承"的文化价值取向。因此，高尔夫礼仪文化，对人的道德规范与行为规范都具有积极的社会教化作用。

四、学习《高尔夫礼仪文化概论》的目的和意义

《高尔夫礼仪文化概论》是高尔夫运动相关专业学习的专门教材，也是普通高校大学生高尔夫选修课或企业培训的指导性教材。通过专业教育或课程教育对本教材的使用与学习，使学生或相关人员达到以下学习目的。

（一）《高尔夫礼仪文化概论》的学习目的

第一，通过对《高尔夫礼仪文化概论》的学习，使学生了解高尔夫礼仪的文

化内涵与人文特征，以及社会发展的历史背景，从整体认识上对高尔夫运动的社会发展有一个更加全面深入的了解。

第二，通过对《高尔夫礼仪文化概论》的学习，使学生对高尔夫礼仪文化的形成与发展的历史轨迹，以及高尔夫运动中的礼仪规范，有一个全面的认识与了解，并且在高尔夫运动实践和各种以高尔夫为主题的活动中，能自觉地运用高尔夫礼仪文化中的基本知识与方法。

第三，通过对《高尔夫礼仪文化概论》的学习，提高学生对礼仪文化的知识认知能力，拓展学生的认识视野，增强学生对高尔夫文化相关知识的学习与研究的能力。

（二）《高尔夫礼仪文化概论》的学习意义

第一，《高尔夫礼仪文化概论》是对高尔夫礼仪文化通观认识的理论总结，它将帮助学生提升对高尔夫文化总体认识与评价的能力与知识水平，并且对学生更加深入地学习与掌握高尔夫礼仪的相关理论知识，起到正确的引导作用。

第二，《高尔夫礼仪文化概论》既从历史认识的角度对高尔夫礼仪的文化轨迹进行了总结，也从文化结构的认识角度对高尔夫礼仪的文化因素进行了梳理，更从社会实践的角度，总结了高尔夫礼仪的行为规范与运用方法。因此，它将帮助学生提高对高尔夫礼仪认识与运用的自觉性与主动性。

第三，《高尔夫礼仪文化概论》不仅是不同层次高尔夫专业学习的基础理论教材，也是高尔夫相关企业进行业务培训与岗前教育的重要的参考教材，更为高尔夫运动的爱好者提升自我文化修养、感知高尔夫精神和增强高尔夫礼仪运用的自觉性，发挥积极的作用。

小结：礼仪，是人类文明演进过程中，体现人的社会属性在维持"人伦秩序"和协调社会交往过程中所表现出的协调主客观矛盾的"文化创造"，是人际交往中，以一定的、约定俗成的程序方式来表现的律己敬人的手段和过程。礼仪包括四个基本含义，即礼貌、礼节、仪式、仪表。礼仪作为体现人类文明进步的文化创造，具有行为体现的规范性、活动范围的局限性、行为方法的可操作性、文化价值的传承性，以及时代发展的动态性的特征。礼仪的启蒙主要源自于人们对自然界神灵的信仰与敬畏、家庭成员之间的言行规范、人们社会交往沟通的需要，以及维系社会等级差别的需要等。高尔夫礼仪文化，是以高尔夫运动为核心，体现了人们在高尔夫运动过程中，以高尔夫运动精神为目的，既为人们所认同，又为人们所遵守的并且符合人际交往礼仪的要求及各种行为准则或规范的总和，具有西方人文精神的文化基础，符合竞技运动基本规律的文化基础，符合人类"动机与需要"的价值诉求，以及符合社会主流文化的价值取向的社会特征。

思考题：

1. 中国礼仪的启蒙与社会发展。
2. 西方礼仪社会发展主要途径。
3. 高尔夫礼仪与高尔夫礼仪文化的概念。
4. 高尔夫礼仪文化的社会属性特征。

绪论作者：吴亚初　李　康

上　篇

高尔夫礼仪文化轨迹论

　　　　高尔夫礼仪，具有西方人文的社会发展基础与社会特征，从这种特定领域文化创造的社会脉络讲，高尔夫礼仪文化的形成与发展，具有特定历史时期的社会背景，以及社会发展动因。本篇讲述高尔夫礼仪的形成与发展的背景、高尔夫礼仪文化的社会发展特征、高尔夫礼仪文化的社会发展动因。通过本篇的学习，使大家了解高尔夫礼仪作为高尔夫运动标志性的"文化符号"的历史发展背景、社会特征，以及早期西方社会的发展对高尔夫礼仪文化启蒙所产生的影响与社会发展动因。

第一章　高尔夫礼仪的
形成与发展的背景

　　内容提要： 高尔夫礼仪，是高尔夫运动社会发展进程具有标志性的"文化符号"。然而，高尔夫礼仪并非高尔夫运动的"原创"，而是随着高尔夫参与群体的变化，受到来自中世纪欧洲上流社会文化价值取向的渗透，使之逐渐成为反映中世纪欧洲社会发展特征、人文精神、社会制度、传统观念和人们所为之推崇的社会行为规范等，各种社会文化现象的特殊社会载体。高尔夫礼仪，作为反映这些文化元素的人文现象，也就成为代表高尔夫运动标志性的文化特征。本章着重介绍高尔夫礼仪，这一特殊文化现象形成与发展的社会背景，以及"绅士文化"对高尔夫礼仪文化的形成与发展所产生的影响和作用。

　　关键词： 高尔夫；高尔夫礼仪；绅士文化；贵族精神。

第一节　高尔夫——"绅士运动"的舶来品

　　在现代人们的认识中，高尔夫运动是一项高雅、文明、健康、时尚的"绅士运动"。但是，从早期启蒙高尔夫运动社会群体的基本特征来讲，与当今社会普遍认为的高尔夫属于"绅士运动"的文化特质相差甚远。而早在 14 世纪中叶代表统治阶层利益的"君王"与"国会"，所颁布的相关禁止高尔夫游戏的法令也能说明，现代高尔夫运动不是"绅士运动"的原创。高尔夫从中世纪苏格兰牧羊人所启蒙的自娱自乐的"游戏"，发展成为具有中世纪绅士文化行为特征的"绅士运动"，同人类其他文化的社会发展一样，社会环境或者文化创造背景，是高尔夫演化的社会基础。不同历史时期的社会特征或文化环境，构成了高尔夫这一特殊文化现象内涵的提升与外延不断发展的历史境遇，进而形成了人们对高尔夫文化不断创新和发展的社会条件。

一、中世纪西方"贵族精神"对社会发展的影响

所谓贵族，是指具有世袭爵位和领地的各级封建主的统称。而在大多数人看来，中世纪西方的"贵族"是社会统治阶级的象征，具有高傲的气质、威严的权利、华丽的着装、奢侈的生活和财富地位的"身份符号"。然而，当我们从人类文明演进的历史视角评价"贵族精神"时，经常会从以下方面评价"贵族精神"。

第一，"贵族精神"体现了良好的文化的教养，能自觉抵御物欲的诱惑，不以享乐为人生目的，培育高贵的道德情操与文化精神。

第二，"贵族精神"彰显了社会担当的责任意识，代表"贵族精神"的主要社会群体大多是贵族阶层或社会精英，他们严于自律，珍惜荣誉，扶助弱势群体，能担当起民族与国家的责任。

第三，"贵族精神"倡导自由与独立的精神意志，在权势与金钱面前不会丧失意志，具有知性与道德的自主性，能够超越时尚与潮流，不为强权与多数人的意见所奴役。

"贵族精神"作为中世纪欧洲主流文化的核心价值取向，集中反映了贵族阶层的社会群体意识，概括起来讲，主要体现以下三方面的特征。

（一）"骑士"与"绅士"的行为融合

"骑士"是一种勇敢尚武或者在社会其他领域才能卓著，由国王所赐的具有贵族荣誉的封号。在世袭贵族的年代，贵族们的先祖大都是作战时的军事首领，或者是在战争中勇猛顽强和出类拔萃的勇士。因此，他们既是国王重用的将领，也是民众所拥戴的"英雄"。国土的赏赐与册封，民众的信任与认同，强化了贵族们的社会责任意识与社会荣誉。所以，抵御海盗入侵、保卫民众生命财产、抗击外敌掠夺，成为贵族们的社会使命与职责。为了贵族们的荣誉和社会信任，贵族世家（无论王室成员还是骑士）的子弟，要花费大量的时间习武，以随时能够承担起父辈的荣誉所传承下来的社会责任。因此，勇敢尚武的习俗，在欧洲历史上成为贵族阶层的男人们不可缺少的生活方式。这种生活方式也由此在贵族阶层内化成一种精神气质，一种不畏强力、捍卫民族独立和保卫自由的"群体形象"。从早期欧洲贵族阶层的"群体形象"来讲，勇敢尚武的"骑士"精神，仅是代表着贵族集团"刚强"的一面，而与此相映衬的则是贵族集团"柔情"的另一面，

即"绅士风度"。

"绅士"是一种有知识、有教养，宽人律己、尊重他人的"学士"。如果说贵族世家子弟的习武生活方式是由于父辈的影响和"家教"的作用，那么作为贵族子弟进入"贵族学校"完成贵族行程教育，培养气质高雅、讲究礼仪、尊重他人、呵护女性的"绅士风度"，则是贵族子弟的"必修课"。贵族子弟在贵族学校不仅要接受严格的礼仪学习与训练，还要学习散文与诗歌，以及社交行为体态的强化训练。

在贵族"绅士文化"教程的影响下，"骑士"精神在贵族子弟身上并没有削弱；相反，"骑士"与"绅士"两种不同精神体现在贵族子弟身上形成一种特有的融合，而这种融合在不同的环境中会自觉发挥出应有的行为表现。比如：在对待女性的态度上（尤其是对待情人），贵族子弟会表现出百般呵护的柔情，甚至会为自己所钟爱的女人而牺牲生命。俄国著名诗人普希金，为了自己所钟爱的人而死于情敌的枪口之下；莎士比亚笔下的罗密欧，也是为了表示对朱丽叶的挚爱而饮恨自尽。贵族们对女性的崇拜、保护与呵护，不仅表现在他们的柔情与浪漫，更重要的是反映了他们尊重女性和受绅士文化教育影响所体现出的"绅士风度"。绅士文化中所体现出的男性对女性的保护与尊重，对今天的社会仍有着深刻影响和积极的意义，如 "Lady first"（女士优先），早已成为人们习惯的礼仪和礼貌用语。

"骑士"与"绅士"的融合，是一个很复杂的社会性话题，它反映了人的社会化特征的多面性。早期欧洲贵族阶层所表现出的"骑士"与"绅士"的价值融合，是这一时期贵族阶层所倡导的"贵族精神"的重要体现。

（二）"自律"与"自强"的行为体现

中世纪欧洲贵族阶层或上流社会的精英，他们对自身行为的选择，并不是由道德或者逻辑决定的，而是由于贵族们特有的社会责任和荣誉，决定了他们对行为的选择应当符合贵族阶层整体利益和社会形象的需要。只有自身约束不良的行为，才能使贵族阶层的社会地位和荣誉得到维护，才能得到社会各阶层的尊重和拥戴。由于贵族阶层的特殊社会地位，以及不同环境下人们的行为表现所产生的社会影响，行为意识与行为方法选择的"自律"，也就成为贵族阶层的人们约束自我不良行为的"路标"。当然，贵族行程的"绅士文化"教育，对贵族们行为意识的教化作用，也是重要的道德基础。

"自强"虽说具有广泛的社会教化作用，但是，在"贵族精神"的价值体系中，"自强"却有着特定环境下的社会意义。贵族的社会地位和经济财富，主要来自贵族们的实业、庄园和土地。贵族们的实业，一方面来自贵族所固有的特权，在国王所给予的强权制度的保护下，靠自身的发展和投机钻营，在社会工商业领域形成了自己家族的财富或权势范围。而庄园和土地，则是祖辈在战争中的勇敢表现而得之于国王的"恩赐"。在中世纪的欧洲，国王分封土地给贵族，贵族们为国王尽臣子的义务，这实际上是一种契约式的"君臣关系"。贵族们在得到国王的册封之后，只要为国王尽到了他们应尽的义务，在他们自己的势力范围内就是一个绝对权利的主人。而且，在贵族们自己的权利范围内是不容许别人随意侵犯的。但是，贵族们要保住自己的这种相对独立和自由的地位，靠别人的力量是不行的，只有靠自己。因此，贵族们为了确保自己的权势范围和经济利益，就逐渐形成了强烈的自立意识和反对侵犯"权力"的斗争精神，以维护贵族们所具有的社会政治特权和经济利益。而贵族们对维护自己利益不受侵犯的"自强"精神，对整个社会全民的"榜样"影响也是巨大的，成为各阶层上行下效、备受人们推崇和效仿的"民族精神"的重要内容。

"自律"与"自强"，作为"贵族精神"的重要行为体现，是贵族阶层特殊的社会地位和社会意识，以及西方早期的社会层次结构的客观性所决定的。

（三）"社会责任"与"尊重他人"的行为意识

"贵族精神"所彰显的社会责任，既有贵族阶层出于自身的利益能够长期得以维持和发展的因素，也存在着贵族阶层作为社会的统治阶层，承担着治理国家维护社会稳定发展的客观需要。比如：英国贵族（世袭贵族、终身贵族等）成年后无须通过选举即自然成为上院议员，他们参与和干预国家大事，处埋和仲裁社会和民众的日常事务及纠纷。这除了增加贵族们以社会主人而自居的社会荣誉感之外，还体现出贵族集团的一种强烈的社会责任感，即对本阶级统治的社会尽责。这项社会制度直到1999年11月，才经英国上议院通过废除法案。在英国历史上，贵族阶层的这种政治责任感和国家使命感，对全社会有着强烈的教化作用。贵族阶层对政治关心有时超出了对社会经济的关心，因此，英国民族素有"政治民族"之称。

"尊重他人"，是一种融礼貌、道德、教养等为一体，反映在对待别人的方式和态度的行为表现。美国作家莱杰·布罗斯纳安，在评价贵族们的教养时说：

"所有良好的礼貌、道德和政治，都是为了别人和对别人的尊重。"由此看来，在"贵族精神"的价值体系当中，"尊重他人"实际上是贵族们接受的"贵族行程"教育的必然结果。其实"尊重他人"并非贵族阶层行为表现的"专利"，只是"贵族精神"作为社会主流文化价值取向的"文化坐标"，对社会各个阶层都具有一定的"教化"作用。"在贵族们看来，建立在伤害他人正当利益的基础上而追求个人安逸、快乐、好处和权势，是典型的自私行为，是没有为别人着想而付出努力的行为。一个人没有礼貌，没有道德，没有付出或缺少仁慈，他就是一个无礼、不道德、只知索取、不知付出的吝啬鬼。"

"社会责任"与"尊重他人"的行为意识，是贵族群体社会意识的集中反映，也是"贵族精神"的核心价值。这种群体意识的社会表现，不仅强化了贵族阶层在社会其他阶层中的认同度，也固化了贵族阶层行为的选择与表现对全社会教化作用的荣誉感。

二、中世纪高尔夫运动的启蒙与社会演变

如果我们站在人类"文化创造"的社会高度，评价高尔夫运动的历史演变及发展，那么，高尔夫实际上就是在人类色彩斑斓的文化创造过程中，社会个体对所积聚的"文化基因"，在一定环境和社会文化背景下转化成文化能力，并力图得以发挥和释放的结果。也就是说，高尔夫是社会个体基于人格因素、情感动机、社会态度、价值取向、社会交流等基本因素，以及文化积淀、历史的无意识、社会传统习俗等更为久远的因素影响而实现的，是人类在认识世界，创造"人的世界"的社会实践中，反映人的属性与人的物种本能的一种"文化创造"。

（一）苏格兰牧羊人启蒙的"田园游戏"

现在高尔夫运动起源于 14 世纪中叶的苏格兰，是生活在苏格兰的牧羊人在放牧的闲暇时间所启蒙的一种游戏。相传牧羊人在放牧时，用牧鞭击打石子并把石子击入前方的兔子洞里，作为自娱自乐的游戏。这种游戏给牧羊人的生活带来了极大的乐趣，成为牧羊人在放牧期间的娱乐手段。由于苏格兰地区冬季阴湿寒冷，人们在玩这种游戏之前（实际上是在放牧时）总是要带上一瓶烈性酒（威士忌）在身上，每将石子打入前方的一个洞穴，就喝 1 酒瓶盖的酒，既是庆贺也是驱寒。而这一瓶酒的重量通常是 18 盎司，1 酒瓶盖的酒正好为 1 盎司。通常 1

瓶酒喝完正好可以打 18 个洞穴,久而久之这种游戏方法也就形成以打完 18 个洞穴为游戏的基本规则。关于早期高尔夫游戏启蒙的"传说",虽然没有史料的记载,但是,1457 年 3 月,当时苏格兰国王詹姆士二世签署了一项法令,"完全停止并取缔高尔夫游戏",这不仅有史料记载,而且说明高尔夫游戏在当时的影响极大,大到了国王要签署法令取缔的程度。詹姆士国王通过议会签署法令取缔高尔夫的原因,是这项游戏"严重妨碍了正常的军事训练",进而无法保卫疆土抗击英格兰人。直到 1502 年,随着苏格兰与英格兰之间签订和平协议,苏格兰人才又恢复了往日对打高尔夫的热情。

(二)从"田园游戏"向"田园社交"的演进

高尔夫作为牧羊人"自娱自乐"的一种"田园游戏",随着战争结束和平重回人间,苏格兰人又恢复了往日打高尔夫的热情,这种热情也极大地调动了曾经颁布法令"禁止打高尔夫"的王室贵族们的"好奇"。这种"好奇"虽然无法证实是否与王室成员们要改变"禁打令"的初衷有关,但是,从现有的史料记载中可以清晰地看到,打高尔夫的社会群体的基本结构,从这一刻发生了重大变化。那些来自"上流社会"的王室成员与贵族们,开始涉入这项源自于牧羊人"自娱自乐"的"田园游戏"。

由于中世纪贵族阶层特有的社会地位,使他们不仅在政治、经济上享有绝对的特权,而且他们所倡导的"贵族精神"和行为准则,也自然成为社会主流价值的"文化坐标"。在贵族们传统的生活方式中,无论是户外骑马狩猎,还是出自各种社交的活动,都可以看到贵族们衣冠楚楚、西服革履,高雅的气质、文明的举止和彬彬有礼的绅士风度,不仅表现了长期接受绅士文化教育和熏陶的"贵族精神"气质方面,也成为贵族阶层特有的一种社会形象标志。

随着王室成员与贵族们对打高尔夫球的兴趣日趋浓厚,高尔夫游戏场也就越来越成为贵族们除户外骑马、打猎、打马球户外运动的另一重要去处。而打高尔夫球的游戏方式,由于从活动的强度和安全来讲,更适合贵族们作为消遣的户外活动方式,所以备受贵族们的喜爱。在中世纪,社会交往是贵族生活方式和"贵族精神"教育不可缺少的重要内容,与家教和学校教育共同形成了"贵族教育"的必修课。当贵族们对打高尔夫球的兴致成为一种不可缺少的生活方式时,高尔夫游戏场也就逐渐成为贵族们社交活动的另一重要场所——"田园社交"。高尔夫游戏,也就随之成为上流社会贵族阶层"情有独钟"的户外"绅士运动"。

第二节 高尔夫礼仪——"绅士文化" 社会发展的延伸

"绅士"（gentleman），这一社会现象最早出现在英国，与充满侠气和英雄气概的"骑士"有着深层次的社会关系。早期的英国绅士们在不同的社会交往场合，总是彬彬有礼，待人谦和，衣冠得体，尊重女性，谈吐高雅。他们注重自身修养，表现出知识渊博、见多识广，同时又有爱心，尊老爱幼，尊重女性，在公共场合举止文明，谈吐文雅，穿着得体，人际关系良好。因此，素有"绅士风度"的社会美誉。

> **小笑话**
>
> **什么是绅士？**
>
> 有一次，美国总统华盛顿对自己的秘书说："我不太明白，英国很多阶层的男士都可以叫绅士，官员可以叫绅士，律师可以叫绅士，医生可以叫绅士，商人可以叫绅士，甚至无业的人也可以叫绅士。贵族里有绅士，贫民里也有绅士。为什么这么多人，各行各业的人都可以叫绅士？你去帮我打听一下，绅士到底是什么意思。"过了两个多小时，秘书回来跟华盛顿说："总统先生，给您查到了，绅士就是不给别人添麻烦的人。"

一、"绅士文化"释义

"绅士文化"是西方中世纪"贵族精神"的核心体现。因此，有学者认为：西方"贵族文化"实际上就是"绅士文化"的雏形。

（一）关于"绅士"的概念

关于"绅士"一词，东西方都有相应的解释。西方"绅士"（gentleman）一词，是从法语"gentilhomme"这一复合词派生而来，意为富有魅力，拥有洒脱、举止得体、上等、出身良好等一些品质的人。《韦氏大辞典》中，对于"绅士"一词解释为：具有"出身高贵""拥有田产的贵族""有骑士风度""无须为生活劳碌奔波"的男士。而《韦伯新世界高级英语词典》中对"绅士"的解释为："有礼貌或者举止端庄，且有骑士风度、谦逊，或者受过良好教育的男子。"显而易见，"绅士"主要指男性，而且多出身于贵族，有骑士风范，并且具备良好的品质。

东方"绅士"的词意是一个特定等级阶层的称谓。中国封建社会"绅"本是表示等级身份的一种服饰，指的是古代士大夫（指官吏或较有声望、地位的知识分子）束在外衣的大带。后引申为"束绅之士"，简称为"绅士"，即有一定地位和身份的士大夫阶层。随着中国封建科举制度的发展，到了明、清年代，谋取功名的读书人不断增多，很多人虽然取得功名身份，却不能为官。所以，人们就把那些不曾为官的科举士子统称为"士"。后来，人们逐渐消除了"绅"与"士"的区别，无论当官不当官，一概将有学识的读书人称之为"绅士"。

东、西方对"绅士"的认识，虽有不同的词面解释，但有一点是相同的，即"绅士"是指有学识、有品质、有社会地位的男士。

（二）关于对"绅士文化"的认识

一般认为，西方"绅士文化"起源于英国的英格兰。因此，常有"the English gentleman"（英格兰绅士）的说法。但是 "绅士文化"的形成与发展，不仅经历了一个长期的社会培养的过程，而且也吸纳了欧洲多个国家的文化精髓，包括古希腊和古罗马的贵族文化，以及中世纪法国的骑士风度和意大利的宫廷文化等。最终，形成了具有英国社会人文标志性特征的"绅士文化"。而英国"绅士文化"的发展大致经历了两个阶段，即传统贵族文化和维多利亚女王时期的绅士文化。

传统贵族文化也就是绅士文化的雏形，是"贵族精神"的核心体现。英国贵族分为公爵（Duke）、侯爵（Marquis）、伯爵（Earl）、子爵（Viscount）和男爵（Baron）五个等级。不管贵族们爵位如何，"骑士情怀"与"绅士风度"则是贵族们所推崇和恪守的基本品质与思想观念，也是上流社会文化精神的群体特质。

随着中世纪英国社会的变革和经济的发展，社会各阶层的文化标准都在向贵族文化看齐，即"向上流社会看齐"。贵族阶层受到了来自社会中产阶级经济成就巨大的冲击，这在一定程度上也改变了贵族阶层对绅士文化的保守和固执。在社会各阶层向上流社会看齐的"社会潮流"推进下，贵族阶层与"新贵一族"在意识形态认识上的矛盾与让步、折中和调和，促成了"绅士文化"更趋于符合全社会的文化价值观。因此，西方史学界将这一时期称为维多利亚女王时期的"绅士文化"。这一社会文化现象，秉承原有贵族精神的自由精神，传承了大无畏的骑士气概，结合了中产阶级的务实精神，也吸收了社会底层的革新态度，形成了英国"绅士文化"新的历史篇章。

综合以上认识，"绅士文化"，是西方"贵族精神"的核心体现，是以倡导独立的人格，正直忠诚和坚定的精神意志为基础；以尊老爱幼，尊重女性，敢于担当的社会责任为己任；以注重自身修养，行为端庄，举止文明，待人谦和为文化特质；以恪守诚实与自律，讲究礼仪、礼貌和行为为规范的综合社会人文现象。

二、"绅士文化"与高尔夫运动的融合

"绅士文化"作为"贵族精神"的核心体现，不仅反映了贵族阶层的群体的社会意识和价值观取向，而且对整个社会也具有强烈的社会文化的制导作用。因此，"绅士文化"实际上也折射出中世纪欧洲社会发展的"文化坐标"的社会功能。

（一）"绅士文化"制导下的社会时尚

早期高尔夫作为牧羊人启蒙的一种自娱自乐的田园游戏，起初并没有任何文化可言，仅仅是人们消遣娱乐的一种游戏方式。当参与高尔夫游戏的社会群体逐渐拓展到贵族阶层时，由于受到来自上流社会"强势文化"的渗透，高尔夫游戏的文化特质也由此开始滋生与发展。

当贵族们以主观的无意识把自身特有的文化特质（绅士文化）体现在高尔夫"游戏"之中，并且把这项"乡村游戏"演绎成"田园社交"活动时，作为中世纪欧洲文化主体的传承者——"贵族集团"，也就顺理成章地把高尔夫游戏作为贵族群体"绅士文化"的一部分，而加以渲染和潜意识地影响着高尔夫游戏的整体发展。在这种社会背景下，高尔夫也就逐渐脱离了原有的充满乡村泥土气息的游戏方式，成为在绅士文化"强力"制导下的反映贵族阶层文化价值取向的"田园社交"。人们开始把"绅士文化"的各种行为表现自觉地融入到高尔夫游戏之中，并不断加以维护和强化，使其成为具有"社会时尚"的社交方式和消遣娱乐手段。

（二）"强势文化"对高尔夫游戏的填充

中世纪的欧洲，贵族阶层不仅在政治、经济上享有绝对的特权，而且他们所

倡导的"绅士文化"，也自然成为了社会发展的"文化坐标"。当高尔夫游戏的参与群体拓展到王室成员及贵族们也积极参与时，已预示着一种"田园游戏"出现了顺应社会主流文化发展需要的文化转轨。因为王室成员和贵族们对高尔夫游戏的参与不仅仅是一种行动上的体验，更是一种代表社会价值取向的"强势文化"对一种田园游戏的"文化渗透"。

当中世纪西方"绅士文化"作为社会发展的"文化参照系"，并对社会发展起着文化制导作用时，无论是反映社会不同阶层的文化现象或是文化表现形式，都沾染了"绅士文化"的基本色彩。高尔夫作为一种源自"牧羊人"自娱自乐的游戏，也必然受到"绅士文化"的强烈冲击与文化填充。在来自"绅士文化"的社会影响以及上流社会的贵族阶层社会价值观和社会行为方式的渗透下，高尔夫也就逐渐形成了一种乡村娱乐游戏承载下的具有强烈"绅士文化"特色的社会人文现象，成为西方"绅士文化"社会发展进程中的"舶来品"。高尔夫礼仪，也就在这种社会背景与文化环境的影响下开始滋生与发展。

三、俱乐部的产生促进了高尔夫礼仪的社会发展

促使高尔夫礼仪成为这项运动标志性"文化符号"的另一个社会原因，是17世纪英国"俱乐部文化"的启蒙与发展，对高尔夫运动及高尔夫礼仪文化的形成与社会传播所产生的积极影响。因此，"俱乐部文化"的出现，在客观上进一步强化了高尔夫礼仪对高尔夫运动各项社会实践的文化制导作用。

（一）西方俱乐部文化的启蒙

据有关学者研究，"早在17世纪中后叶，英格兰有一群志同道合的人决定共同买下一个咖啡店，作为他们的聚集场所。为了购买该咖啡店并维护该场所的设施与环境，每个成员自愿捐出一部分费用，每个为此付出费用的人可以在场所里同朋友聚会，可以使用这里的设施，由他们扮演的就是后来会员的角色，而这个场所和这里的人们组成了早期的真正意义上的俱乐部（Club）雏形。"

西方俱乐部是人类文化创造过程中反映了人的本质属性对社会交往基本诉求的"文化基因"。虽然早期的俱乐部反映的是上流社会（贵族阶层）对一定范围内（共同的社会特质）生活方式的相同志向，但也代表着人类社会共同的社会属性。从西方俱乐部文化启蒙的社会动因来讲，主要基于以下方面的原因：

1. 贵族阶层社会意识的两面性

首先，贵族阶层（尤其是中世纪之前的"等级贵族"）的群体意识，与其他社会阶层之间严格的社会等级界限，强化了贵族阶层的社会优越感与至高无上的社会意识。另一方面，随着社会的发展，尤其是到了中世纪后期，商品经济的发达和上流社会结构的分化，开始有非传统贵族的其他社会阶层进入上流社会，形成"新贵一族"即"权势贵族"。由于上流社会阶层的分化和商品经济的发展，使上流社会交往的需求与方式发生了变化，进而也为上层社会人们的社会交往向着打破传统等级的世袭制，形成了一定条件下的社会环境。

2. 贵族阶层社会职业的优越性

无论是中世纪的"等级贵族"还是后期出现的"权势贵族"，贵族们的社会职业与其他社会阶层有着严格的区别。早期贵族所从事的工作大都与战争相关，而当时的社会一般把工作类型分为作战者、祈祷者（教会）和劳动者（农民）。贵族阶层的男人和他们的子孙，又都是作战的统领者，是骑士。因此，贵族阶层的特权和社会荣誉，不仅固化了贵族阶层至高的社会地位，也固化了贵族阶层相互之间社交范围与交际对象，形成特定社会职业背景下的优越感。

3. 贵族阶层生活方式的独特性

贵族阶层的生活方式，以及生活观念，与其他社会阶层都存在着深层次的文化差异和表象文化的不同，贵族们崇尚忠诚、浪漫、风度与礼仪，无论是家庭生活还是社会活动，他们的行为方式与其他社会阶层形成了极大反差，这也使得贵族们在社会交往上，形成了相同的社会特质与行为意识。

在此背景下，作为中世纪中后期的贵族阶层，由于自身的社会特质与行为意识，促成了他们在社会交往过程中相同的价值取向，也就为俱乐部文化的启蒙奠定了社会基础。

（二）高尔夫俱乐部的早期雏形

随着参与高尔夫游戏的社会群体拓展到上流社会的贵族阶层，使这种源自"牧羊人"自娱自乐的田园游戏，逐渐成为了充满绅士文化元素的"田园社交"。作为一种"田园社交"，人们在打高尔夫球的过程中，不仅形成了高尔夫游戏特有的文化氛围，更是把"绅士文化"的价值取向，塑造成为了高尔夫游戏所推崇和倡导的人文精神与行为规范。当人们自发来到田野之中参与高尔夫游戏时，这种行为既是一种自发的选择，也是一种具有相同的社会特质（身份与地位）与兴趣爱好的共同基础的诉求。在长期的以"田园社交"为目的的游戏诉求的驱动下，使原本松散型的田园聚会形式，逐渐形成了有组织的球友之间的沟通与交流平台。而这期间其他功能的俱乐部组织形式，已经在西方的上流社会开始盛行。因此，当有着相同社会特质与兴趣爱好的高尔夫球友们聚集在一起时，早期高尔夫俱乐部的社会雏形也就逐渐显露出端倪。人们开始以自愿加入的选择，从原本无人组织、无人管理、无序打球的松散状态，向着球友自发组织、自己管理的社会轨迹发展。于是，世界第一个高尔夫俱乐部在 1735 年成立了，即苏格兰爱丁堡伯吉斯（Burgess）高尔夫球友会。

（三）高尔夫俱乐部强化了人们交往中的行为规范

有关学者认为，"俱乐部是一群有着相同爱好的人自发地经常进行沟通、交流并举办各种活动的场所"。而早期的高尔夫球友会（俱乐部），上流社会的贵族阶层是这一特殊文化现象的启蒙体，是由相同社会特质（社会地位、财富、身份等）和共同对高尔夫运动有兴趣与爱好的人自愿组成或加入、共担成本、具有私密性和小规模、非营利性的组织特征。

由于这期间参与高尔夫运动的社会群体中的"贵族阶层"，不仅有着至高的社会地位与财富，还有着对高尔夫运动的 "情有独钟"，那些有着共同高尔夫兴趣与爱好的贵族们，通过自愿出资的方式，购买了原本属于社会的大片草地与海滩，并进行了符合高尔夫运动的设计与建造、维护与管理。为了保证高尔夫球场的基本维护需要，他们采取每个加盟者（会员）每年支付一定费用（会员年费的雏形）的方式，以保证俱乐部的正常运作。而人们加盟高尔夫球友会（俱乐部）的基本动因，一是出于对高尔夫运动的兴趣与热爱；二是参与高尔夫运动已经成为当时贵族阶层一种时尚性的社交活动，即"田园社交"。

早期高尔夫球友会（俱乐部）作为一种自发的、松散型、小规模的组织形式，会员们在打球活动的过程中，由于受到会员们在其他社交活动中行为意识和行为规范潜移默化的影响，于是人们也就自觉地把"绅士文化"特有的礼仪、礼貌，在高尔夫运动中加以体现与运用。1744 年英格兰"利斯绅士高尔夫球友会"首先推出了高尔夫球 13 条规则，这是高尔夫历史上最早约束打球者行为规范的

"典籍"。也由此开始了高尔夫运动按照"13条规则"的行为规范，不断完善高尔夫礼仪行为规范的历史演进。

　　小结：高尔夫礼仪，作为高尔夫运动标志性的"文化符号"，从人类文化创造的基本规律来讲，既有不同时期社会发展背景的文化因素，也有高尔夫运动自身的发展需要。从社会发展背景讲，高尔夫礼仪文化的启蒙，与高尔夫运动的参与群体的社会变革有直接的因果关系。从牧羊人自娱自乐的"田园游戏"，到反映社会时尚的"田园社交"，这既有绅士文化的"强力渗透"的作用，也有西方俱乐部文化的启蒙，为高尔夫运动的社会发展进一步固化了高端的社会地位，以及强化了以社会交往为目的的行为意识与行为表现。因此，中世纪欧洲上流社会文化价值取向的渗透，使高尔夫运动逐渐成为反映中世纪欧洲社会发展特征、人文精神、社会制度、传统观念和人们所推崇的社会行为规范等，各种社会文化现象的特殊社会载体。

　　思考题：

　　1. "贵族精神"文化内涵与社会特征。
　　2. "绅士文化"的概念。
　　3. 高尔夫运动与绅士文化融合的社会基础。
　　4. 西方俱乐部文化的产生对高尔夫礼仪文化发展影响。

本章作者：陈　琦　谭建共

第二章　高尔夫礼仪文化的社会发展特征

内容提要： 从历史发展的文化脉络讲，高尔夫文化的启蒙虽然有着西方"绅士文化"的历史痕迹，但随着高尔夫运动在世界范围内的发展，以及高尔夫运动作为当代体育文化的组成部分，在经济文化一体化发展的推进下，高尔夫礼仪的文化内涵不断被人们总结与提升、传承与发展，成为全世界爱好和参与高尔夫运动的人们共同的"文化财富"。本章依据高尔夫运动发展的不同时期，讲述高尔夫礼仪文化的社会发展特征。

关键词： 时代性与稳定性；形象性与整体性；传承性与播迁性。

第一节　高尔夫礼仪文化的时代性与稳定性特征

在人类文明演变与发展进程中，任何一种文化现象的产生与发展，都离不开特定的自然条件和社会历史条件，这就是特定自然地理环境下的社会生产方式和社会组织结构，二者相互作用的结果。高尔夫礼仪文化，作为体现高尔夫运动标志性的"文化符号"，它的启蒙与发展既体现了中世纪欧洲社会发展的时代性特征，也在几百年漫长的社会发展中，彰显了高尔夫礼仪特有的稳定发展的社会特征。

一、高尔夫礼仪文化形成的时代性特征

时代，是指历史上以经济、政治、文化等状况为依据而划分的某个时期。"一时代有一时代比较进步的历史观，一时代有一时代比较进步的知识。史观与知识不断地进步，人们对于历史事实的解悟自然要不断地变动。"

现代高尔夫运动起源于 14 世纪的苏格兰，早已成

早期打高尔夫球的贵族们

为世人的共识。中世纪欧洲的社会发展，是一个具有鲜明人文特征的历史时期。贵族集团作为社会的统治阶层，不仅在政治、经济上享有绝对的特权，而且贵族集团在社会文化的价值取向上，更是把"贵族精神"的文化价值核心，即"绅士文化"作为制导社会发展的"文化坐标"。因此，"向上流社会看齐"也就成为社会各阶层带有普遍性的文化价值诉求。所以，这一时期高尔夫礼仪的萌芽，在高尔夫游戏中带有强烈的中世纪上流社会文化痕迹与人文特征。

（一）早期高尔夫游戏行为方式的标志性

在中世纪贵族们传统的生活方式中，无论是户外骑马狩猎，还是参与各种社交活动，都可以看到贵族们衣冠楚楚、服饰华丽、气宇轩昂。高雅的气质、文明的举止和彬彬有礼的绅士风度，不仅表现出长期接受绅士文化教育和熏陶的"贵族精神"气质，也成为贵族阶层特有的一种群体性的形象标志。

早期打高尔夫球的贵族男女

高尔夫球的游戏方式，由于从活动的强度和安全来讲，更适合贵族们作为消遣的户外活动方式，所以备受贵族们的喜爱。在中世纪，社会交往是贵族生活方式和"贵族精神"教育不可缺少的重要内容，社交、家教和学校教育共同形成了"贵族行程"教育的必修课。当贵族们对打高尔夫球的兴致成为一种不可缺少的生活方式时，他们在打高尔夫的过程中，也就逐渐形成贵族们特有的行为表现和行为规范。

比如：贵族们打高尔夫球时着装行为表现，是基于一种社会交流活动着装礼仪的行为意识。因此，无论男女球员，均恪守着装的社交活动需要的行为规范。也由此形成了早期高尔夫游戏方式的标志性"文化符号"。

（二）高尔夫游戏功能的交际性

当以贵族阶层为核心的上流社会的人们成为高尔夫球场上的"常客"时，无论是从人们参与高尔夫游戏的动因，还是他们在游戏中的行为方式与特点，人们已经把高尔夫游戏视为"社交活动"的承载体，并且把社交活动中基本的行为规范进一步在高尔夫游戏中不断强化。人们从着装到球员之间的相处和交流，都时刻按照不同社交场合的基本礼仪来规范自己的行为。从组织方法上来讲，以满足社交活动需要的各种高尔夫球友会（俱乐部的雏形），也开始在这一时期不断涌现。说明高尔夫游戏作为中世纪苏格兰牧羊人启蒙的乡村游戏，已经脱离了原有的"乡村泥土气"，开始了社会发展的"文化转轨"。

早期在圣·安德鲁斯
皇家古老高尔夫球俱乐部打球的人们

　　比如：最负有盛名的苏格兰圣·安德鲁斯皇家古老高尔夫球俱乐部（1754 年），以其特有的影响力和不凡的贵族气质，得到了王室的册封，获取了圣·安德鲁斯古老皇家高尔夫球俱乐部的"御名"。这种反映中世纪高尔夫运动演变与发展的社会现象，说明当时高尔夫游戏的功能，以及这项游戏所折射出的文化元素，具有社会活动交际性的文化属性。

二、高尔夫礼仪文化发展的稳定性特征

　　高尔夫运动最初是一种"趣味游戏"，是在漫长的社会发展过程中逐渐形成内涵丰富、外延宽泛的社会文化现象。不同时期和不同地区的社会人文特征，总是在高尔夫运动社会发展的进程中赋予它新的内涵，并且形成符合不同时期人们对高尔夫运动不同诉求的文化价值体系。高尔夫礼仪，作为高尔夫运动标志性的"文化符号"，也在不同的历史时期，逐渐形成了反映高尔夫精神的行为意识和行为规范。高尔夫礼仪之所以能在漫长的历史发展中得到人们的维护与遵守，高尔夫运动所倡导的人文精神，以及高尔夫规则对人们在运动过程中的行为约束，是高尔夫礼仪文化绵绵数百年发展的核心价值体现。

（一）高尔夫运动精神的"固化"作用

　　"绝大多数情况下，高尔夫运动是在没有裁判监督的情形下进行的。这项运动有赖于每个参与者的诚实——具体表现为替其他球员着想和自觉遵守规则，不

论比赛有多么激烈，所有球员都应当自觉约束自己的行为，随时表现出礼貌谦让和良好的运动精神。这就是高尔夫运动的精神。"

规则中对"高尔夫运动精神"的释义，虽然是一种在通观意义上的解释，但实际上反映了人们在高尔夫运动中的行为表现的自觉性和群体意识。而这种自觉的行为表现和群体意识，体现了以西方传统的"绅士文化"为思想基础，以文明、典雅的行为举止为表现特征，以参与者（球员）的自律意识和良好的诚信态度为行为目的的综合表现。而且，在

在大多数情况下，球员的成绩要靠自己评判，因此，球员的诚信与自律，也就成为高尔夫运动的核心价值取向

漫长的社会发展进程中，高尔夫精神对约束人们的行为规范和自律意识，逐渐被"固化"为一种高尔夫运动的群体意识。高尔夫精神不是一种抽象的概念，而是在高尔夫运动实践中，反映在高尔夫运动全过程中的诸多方面。

（二）高尔夫运动受《高尔夫球规则》的行为约束

行为，是指受思想支配而表现出来的外表活动。高尔夫运动行为，是指人们在高尔夫运动过程中，在《高尔夫球规则》和高尔夫运动所倡导的精神作用下，所表现出的各种行动方法的总和。而《高尔夫球规则》则是指导和约束人们在高尔夫运动中统一的行为准则。

规则，是指规定出来供大家共同遵守的制度或章程，而《高尔夫球规则》实际上就是大家共同遵守的"游戏准则"。高尔夫运动作为一项古老的户外体育运动，同其他竞技运动一样，也是需要在其运动规则的约束之下，球员才能在公平、公正的条件下展示自己的竞技能力，发挥技术水平，争取优异成绩。

《高尔夫球规则》是伴随着高尔夫运动的社会发展，逐渐形成了对参与高尔夫运动的人们具有广泛性、统一性和可操作性的行为准则。1744 年由英国的利斯绅士高尔夫球友会（Gentleman Golfers of Lithe）推出的《高尔夫球规则》，被

誉为是世界上最早的一部《高尔夫球规则》，即人们常说的"13 条规则"。1897 年苏格兰圣·安德鲁斯皇家古老高尔夫俱乐部在众多高尔夫俱乐部的敦请下，出面编印了高尔夫历史上第一部统一的《高尔夫球规则》。

1951 年，美国高尔夫球协会（USGA）与苏格兰圣·安德鲁斯皇家古老高尔夫俱乐部（R&A），通过协商解决了《高尔夫球规则》在世界范围内统一使用的问题，并决定每 4 年双方召开一次联席会议，检讨和修改《高尔夫球规则》。目前国际上所采用的《高尔夫球规则》，共分 3 章 34 条和由 3 部分的附属规则，以及业余身份规则等内容组成，是一部内容全面、条理清晰、逻辑严谨的高尔夫竞赛规则。

《高尔夫球规则》作为高尔夫运动行为规范的"典籍"，客观上不仅起到约束人们在高尔夫运动过程中行为规范的作用，也在高尔夫运动爱好者和参与者的思想意识上，起到了重要的引导作用，使所有参与高尔夫运动的人们将高尔夫运动的精神转化成一种自觉的行动。

第二节　高尔夫礼仪文化的形象性与整体性

　　形象，是指人们通过视觉、听觉、触觉、味觉等各种感觉器官，在大脑中形成的关于某种事物的整体印象，简言之是知觉，即各种感觉的再现。由于人们对事物的感知存在着生物个体认识的差异性，因此，人们对事物感知的评价与认识，受到人的意识的影响。

　　整体，是指由事物的各内在要素相互联系构成的有机统一体及其发展的全过程。整体和部分既相互区别又相互联系，二者既有严格的界限，又是不可分割的相互联系与相互影响的统一体。

着装礼仪是高尔夫标志性的文化符号

高尔夫礼仪作为一种反映高尔夫运动标示性的"文化符号"，在当代社会发展进程中，具有鲜明的文化形象特质。高尔夫礼仪文化的形成与发展，既有高尔夫运动在不同时期社会环境对其所产生的客观影响，也有高尔夫运动的参与者主观作用的社会群体意识的影响。因此，高尔夫礼仪在其社会发展的进程中，具有形象性与整体性的社会发展特征。

一、高尔夫礼仪文化的形象性特征

高尔夫礼仪，在其漫长的社会发展与高尔夫运动实践的过程中逐渐形成的文化特质，具有鲜明的形象性。高尔夫礼仪的形象性特征主要体现在高尔夫运动的着装礼仪的直观性、行为方式的自律性、行为结果的诚实性上。

（一）高尔夫运动着装礼仪的直观性

直观，是指通过对客观事物的直接接触而获得的感性认识。高尔夫运动被誉为高雅、文明、健康、时尚的"绅士运动"。这种文化特质的社会表象，首先体现在高尔夫运动的着装礼仪的行为表现。

早期贵族男士的打球着装

1. 早期高尔夫运动着装礼仪

无论男女早期打高尔夫球的着装都具有鲜明的特点

早期的高尔夫运动着装具有典型的中世纪社交活动的礼仪特点。由于早期高尔夫运动被看作是一种"田园社交"，因此，当人们把这项休闲性很强的户外游戏作为一种社交活动时，人们也就

早期职业高尔夫的经典着装

自觉地把中世纪社交活动的着装礼仪延伸到高尔夫游戏之中。我们从现在的史料中不难发现早期高尔夫运动的着装带有极其鲜明的、形象性的特征。这种特征的社会表现，实际上是源自于"绅士文化"在各种社会实践中的延伸和发展。

2. 职业高尔夫运动对着装礼仪的影响

随着社会分工的加剧，高尔夫运动的"社交功能"也随着世界范围内职业竞技的兴起，开始出现"职业高尔夫"与"业余高尔夫"两种不同性质的社会发展。职业高尔夫运动的出现，不仅在社会形态上使高尔夫运动的社会发展轨迹出现了分化，也在球员的行为方式上有了重大的变化。由于职业高尔夫运动是通过竞赛的公平竞

休闲、时尚的高尔夫运动着装

争来体现球员的运动能力和技术水平，因此，早期以突出"田园社交"功能的高尔夫着装礼仪，已不适应职业高尔夫运动的发展需求。从这一时期开始，高尔夫运动着装开始走上了以方便和有利于运动员发挥运动技能的服装为需求。虽然人们打高尔夫的运动着装改变了早期高尔夫运动着装礼仪上的"陈规旧俗"，但是人们依然保持着休闲运动的着装风格，并且在其他服饰上仍能体现出"绅士文化"的诸多特点。比如：西装马甲、鸭舌帽、方格灯笼裤等。

3. 现代高尔夫运动对着装礼仪的"约定俗成"

时尚性成为现代高尔夫运动着装的鲜明特色

随着世界范围内经济文化一体化发展，高尔夫运动作为具有西方传统文化底蕴和现代文化多种表现方式为一体的文化现象，人们赋予了这项古老运动更加丰富的文化内涵，使得参与这项运动的价值取向也成多元化的发展趋势。但是，对于高尔夫运动所倡导的精神，即"尊重他人、保护环境、诚信自律、恪守礼仪"，始终是约束和教化人们从事高尔夫运动的基本行为指南。而人们对高尔夫运动最具传统的着装礼仪，也逐渐形

成了符合当代运动与时尚、休闲与健康基本诉求的着装礼仪。虽然在《高尔夫球规则》中人们并没有发现有关高尔夫运动的着装要求，但是，几百年的人文历史沉淀，已经在人们的思想认识中形成了牢固的行为意识。当代人打高尔夫球的着装在尊重传统的基础上，更显得符合时代精神与时尚审美情趣的着装礼仪。

综合以上三方面的认识，高尔夫运动在着装礼仪上所表现出的直观性特点，是时代的发展和人文因素的影响，形成了高尔夫运动特有的一种着装礼仪文化。

（二）高尔夫礼仪文化的可感知性

感知，是身体感官对客观事物的一种认识。比如：有些东西是我们用眼睛看不到（如黑暗中的物体），但却可以凭借手和身体去感知它们的存在；而有些东西是我们无法用手和身体触摸到的（如远处的物体或者是风景），但我们却可以用眼睛来感知它们的存在。高尔夫礼仪文化，作为一种的特殊文化现象，人们可以并借着对一般礼仪文化的认识，以及参与高尔夫运动实践的生物感受，对高尔夫礼仪产生积极的感知认识。这种感知认识，主要体现在以下两方面：

1. 高尔夫礼仪文化特质的可感知性

高尔夫运动被世人誉为"绅士运动"，因为它具有西方绅士文化的发展底蕴。在人们的认识中，不一定都能对绅士文化诠释清楚。但是，当人们把高尔夫运动视为"高雅、文明、健康、时尚"的户外运动的认知对象时，实际上反映了人们潜意识中将高尔夫运动与绅士文化相关联的认识基础。绅士文化在人的行为表现中具有鲜明的形象感知性，而高尔夫运动作为绅士文化的"舶来品"，人们在高尔夫运动中的行为表现，也具有绅士文化可感知性的特点。

2. 高尔夫礼仪行为规范的可感知性

高尔夫礼仪有着丰富的文化内涵，而人们最能感知到的高尔夫运动的表象特质，就是对参与者的行为规范的要求。高尔夫运动对参与者行为规范的要求，主要是来自《高尔夫球规则》对人们的行为约束。人们在打高尔夫的过程中，不一定都能精通《高尔夫球规则》的各项规定，但是，人们可以在高尔夫所倡导的"尊重他人、诚信自律、保护环境、恪守礼仪"文化氛围中，感知到高尔夫礼仪特有的行为特征。因此，无论是职业高尔夫运动员，还是以休闲娱乐为主体的高尔夫爱好者，或者是观看高尔夫比赛的观众，大家都能在各自不同的运动和其他高尔夫实践中，自觉地遵守高尔夫规则，以自身的行为表现，诠释高尔夫运动所倡导的精神。因此，高尔夫礼仪对规范参与者的行为方式、约束人们的行为意识，具有鲜明的、可感知的文化特点。

二、高尔夫礼仪文化的整体性特征

整体，是指由事物的各内在要素相互联系构成的有机统一体及其发展的全过程。而部分相对于整体来讲，是指组成有机统一体的各个方面、要素及其发展全过程的某一个阶段。

高尔夫礼仪文化，是人们在漫长的社会发展以及高尔夫运动的实践过程中，不断积累、不断总结、不断被人们认识与传承的结果。无论是体现高尔夫运动中的某一个行为规范，还是在认识上人们对高尔夫礼仪文化的总体评价，高尔夫礼仪文化是由各要素之间相互关联、相互影响的统一体。在这个统一体中，参与者每一个行为表现与礼仪方法，都代表着高尔夫礼仪文化的整体价值与精神实质。

（一）尊重他人——体现在每一个球员的高尔夫运动全过程

"尊重他人"是一种长期的文明意识积累和文明教养的结果。当高尔夫运动被看作"绅士文化"社会发展的延伸，或作为体现"绅士文化"行为表现的基本载体时，"尊重他人"也就成为了高尔夫运动人所遵守的基本规范。在高尔夫规则中，尊重他人是高尔夫运动精神的核心体现，是体现高尔夫运动参与者应当具备的基本的素养与品质。

保持球场的安静是每一个球员和观众的责任

《高尔夫球规则》在开篇第一章，就明确了尊重他人在高尔夫运动过程中的基本要求。无论是处于"安全"的需要，还是"为其他球员着想"；无论是"在球洞区上"的行为表现，还是球员要保持良好的"打球速度"，以及"球场优先权"等，每一项规定的核心就是"尊重他人"。

因此，在高尔夫运动中，尊重他人不仅是体现在每一个环节球员应该如何对

待同组的球员、球童和其他相关人员，更要反映球员在尊重他人的思想意识的支配下，在不同的区域、不同的时间、不同的地点，以及对待不同身份的人，都能表现出对他人应有的重视与尊重。

(二) 保护环境——反映了每一个球员的公共责任与社会意识

在人们的基本认识层面，保护环境通常是指人类有意识地保护自然资源并使之得到合理的利用，防止自然环境受到污染和破坏的各种行为的总和。在高尔夫运动实践中，保护环境是高尔夫运动精神的重要体现之一，也是高尔夫礼仪文化的重要组成部分。人们参与高尔夫运动体现保护环境的行为举止，实际上反映在两个方面：

首先，高尔夫球场是一定社会群体参与下的"公共环境"，保护高尔夫球场的生物植被、园林景观，以及球场的各种设施设备，是每一个参与高尔夫运动者（无论是职业球员还是业余球员）所应共同遵守的基本准则。《高尔夫球规则》的第一章"礼仪，球场上的行为举止"中明确规定，及时"修复打痕、球痕和钉鞋造成的损伤"，球员应时刻注意"避免不必要的损伤"。这些规定虽然体现了对参与高尔夫运动的人们一种行为约束，但也体现了人的一种文明素养和思想境界，是高尔夫礼仪文化的重要体现。

其次，高尔夫运动虽然是一项户外体育与休闲的运动，但是，高尔夫运动又是一项尊重传统、尊重他人、诚信自律、恪守礼仪的"绅士运动"。这些彰显绅士文化的基本元素，构成高尔夫运动特有的人文环境。无论是在运动过程中，还是在不同的环境下打球或观看职业比赛，"保护环境"不仅是人与自然和谐相处的自然环境，更是高尔夫运动过程中人与人之间相互尊重、恪守礼仪之规范的人文环境。

(三) 诚信自律——教化每一个球员的行为准则

诚信的基本含义是指诚实无欺，讲求信用。"诚"即诚实、诚恳，反映了主体真诚的内在道德品质；"信"即信用、信任，是指主体"内诚"的外化。"诚"更多地指"内诚于心"，"信"则侧重于"外信于人"。自律的基本含义是指行为主体的自我约束、自我管理的各种行为方式。

在高尔夫运动中，诚信自律反映了这项运动的特殊要求。高尔夫运动不像其他体育运动，裁判员根据运动员在比赛中的行为进行判罚与裁决。高尔夫比赛不靠裁判员记分，球手自己记分，这实际是在考验每一个球手的诚信和自律。一个球手在选择打高尔夫球时，实际上选择了"自律"与"诚信"的行为，接受了这样的规则，并遵守着这个规则，这是高尔夫魅力的彰显。因此，高尔夫倡导的"诚信"与"自律"的人文精神，既有文化积淀的历史原因，也有文化传承的现实意义。

所以，诚信自律不仅是高尔夫运动的客观需求，也反映了高尔夫运动精神对人的教化意义和作用，是高尔夫礼仪文化的重要体现。

（四）恪守礼仪——强化每一个球员的文明素养

在人与人的交往过程中，交谈讲究礼仪，可以使人变得文明；举止讲究礼仪，可以使人变得高雅；穿着讲究礼仪，可以使人变得大方；行为讲究礼仪，可以使人的行为规范，如此等等。因此，讲究礼仪，任何事情都会做得恰到好处。总之，一个人讲究礼仪，就可以变得充满魅力。将"礼仪"纳入《高尔夫球规则》，可以说开创了各种体育运动竞赛规则的先河。由于高尔夫运动场地环境、人文因素和竞赛方法的特殊性，只有将人们的各种行为规范按照"礼仪"的程序与方法加以设置，才能保障高尔夫比赛在和谐、有序、公平、公正的条件下体现参与者的竞技水平。因此，恪守礼仪是高尔夫礼仪文化的重要体现，也是高尔夫精神的核心价值。

综上所述，高尔夫礼仪文化的整体性特征，实际上反映了以上四个方面在不同环境、不同时间、不同区域，人们在高尔夫运动的全过程中，对高尔夫运动精神正确认识与理解，以及相关因素之间相互关联、相互影响的行为结果。

第三节　高尔夫礼仪文化的传承性与"播迁性"

传承是人类延续文明、推进并提高人类社会文明程度的必不可少的条件之一。文化传承，是一个民族、一个时代的痕迹，也是反映了一个民族在不同时期对人类文化发展的贡献。播迁，原意是流离迁徙。文化播迁是指不同民族和不同社会境遇下的文化创造与人文现象，随着人口流动与社会交流，不断被其他民族和不同生活方式的人们所认同，并与本民族的生活习惯与文化相融合的社会现象。

高尔夫礼仪文化既反映了中世纪欧洲"绅士文化"的基本特征，也体现了高尔夫运动在漫长的历史发展进程中，不同地域和不同文化元素对其所形成的文化兼容与新的文化元素的填充。因此，从高尔夫文化的整体发展脉络讲，高尔夫礼仪文化的社会发展，具有一般文化社会发展的传承性与播迁性的社会特征。

一、高尔夫礼仪文化传承性的社会特征

文化，是人类痕迹的总和，包括物质范畴和精神范畴。文化传承，是人类文明生息繁衍的客观需求与社会进步的必然结果。高尔夫礼仪，作为最能体现高尔夫文化整体发展的价值核心，在社会进步与社会发展的带动下，不仅逐渐形成了独特的文化现象，而且也伴随着社会的进步与发展，被人们不断完善与传承下来。高尔夫礼仪文化传承性社会特征，主要体现在如下两方面的作用：

（一）高尔夫礼仪文化符合社会主流文化价值取向

任何一种文化的创造与发展，如果远离社会发展核心价值取向，那么这种文化创造的价值与意义很容易被社会边缘化或消失。而如果一种文化创造能够符合或适应社会主流文化的发展需求及价值取向，那么这种文化创造就会得到不断地完善与发展。

高尔夫礼仪文化的形成与发展，之所以在几个世纪的传承中经久不衰，其重要的因素就是高尔夫运动所倡导的精神，以及人们在"约定俗成"中所建立的行为规范，始终是与社会主流文化价值需求"一脉相承"的。

1. 早期"绅士文化"确立了高尔夫运动的文化价值取向

当中世纪欧洲贵族们以主观的无意识把自身特有的文化特质（绅士文化）体现在高尔夫"游戏"之中，并且把这项"田园游戏"演绎成"田园社交"活动时，作为中世纪欧洲文化主体的传承者——"贵族集团"，也就顺理成章地把高尔

早期西方绅士文化奠定了高尔夫运动的人文基础

夫"游戏"作为贵族群体"绅士文化"的一部分，而加以渲染和潜意识地影响着高尔夫运动整体发展。在这种"强势文化"的影响与渗透下，高尔夫也就逐渐脱离了原有的充满乡村泥土气息的游戏方式，成为在"绅士文化"强力制导下的、反映贵族集团文化价值取向的"田园社交"。人们开始把"绅士文化"的各种行为表现自觉地融入高尔夫游戏之中，并不断加以维护和强化，使之成为具有"社会时尚"的社交方式和消遣娱乐手段。

2. 职业高尔夫运动发展进一步强化了高尔夫运动的精神

18世纪末至19世纪初，由于产业革命的发展，西方世界的社会组织形态发生了巨大的变革，社会分化进一步加剧。也正是在这种社会发展背景下，职业高尔夫运动开始启蒙与发展。由于职业高尔夫运动具有专业化程度高、运动员自主意识强，以及严格的竞赛方法和竞赛规则的公平、公正，《高尔夫球规则》成为制导运动员行为规范的重要依据。在这种背景下，高尔夫运动所倡导的"尊重他人、保护环境、诚信自律、恪守礼仪"的体育人文精神，在《高尔夫球规则》的约束下，不仅得到进一步的强化与发展，而且更成为高尔夫运动具有标志性的"文化符号"。

3. 现代高尔夫运动符合"文明、健康、休闲、时尚"生活方式的诉求

高尔夫作为现代竞技体育运动的组成部分，不仅具有一般竞技体育的基本特征，而且也是现代休闲体育的重要手段。随着现代社会的发展，以及人们对以休闲为主体的健康娱乐、户外消遣活动的心理诉求，高尔夫运动已成为被社会日益推崇的休闲体育文化的重要方式，以及追求休闲健康生活方式的首选。

无论是从早期高尔夫运动发展的社会定位，还是从高尔夫运动精神的社会延伸，以及现代休闲生活方式的选择，高尔夫运动的社会发展与不同时期社会主流文化的发展，表现出应有的一致性与和谐，这是高尔夫礼仪文化社会传承的主要因素之一。

（二）高尔夫礼仪文化对社会个体具有感染性与模仿性

现代高尔夫运动融西方传统文化与现代文化的多元表现方式为一体，集中体现了现代社会发展进程中，休闲时尚文化在一定社会群体中的生活方式与行为表

现。当人的个体处于一定社会群体的社会实践活动中时，其社会群体的行为表现必然对社会个体产生行为倾向的制导作用。于是个体也就会自觉或不自觉地模仿一定社会群体的行为特点，使个体的个性特征受到社会群体行为的情感感染。

由于人的个性倾向在人的个性心理发展过程中居于比较高的层次，它对人的其他个性特征和人的整个心理活动具有统帅、支配和调节的作用，所以当人的个性倾向受到来自社会或教育的影响时，就会形成对客观事物稳定的态度和行为倾向。高尔夫礼仪文化的独特表现，对个体的自我完善具有积极的正面影响作用，当人们在高尔夫运动的实践过程中，以及与高尔夫相关的其他社会活动中，参与高尔夫运动的个体很容易受到来自周围环境对其自身的行为感染与影响，进而产生一定的社会群体效应，而这种社会群体效应的产生，就是由模仿与感染的作用而形成的。

二、高尔夫礼仪文化"播迁性"的社会特征

播迁，是一种人文现象。文化播迁，是人类文明进步与社会发展进程中常见的一种文化现象。比如中国历史上由于人口迁徙所形成的"客家"文化、三峡工程所形成"三峡移民"、欧洲移民所形成"美洲新大陆"等。

高尔夫礼仪文化，源自于中世纪欧洲，在地域文化的影响与制导下逐步形成了具有广泛影响力的社会文化现象。但是，高尔夫礼仪作为"绅士文化"社会发展的"舶来品"，在不同历史时期受到了不同的社会影响，使之成为内涵丰富、外延宽泛的文化现象。因此，高尔夫礼仪文化的社会发展的"播迁性"特征，实际上反映了不同时期的社会发展的文化相融与文化播迁的社会特点。

（一）"田园社交"——反映了中世纪上流社会的群体诉求

当中世纪"贵族集团"逐渐成为高尔夫"游戏"的参与主体时，这项原本启蒙于牧羊人"自娱自乐"的游戏，开始出现了社会发展的转轨。由于贵族集团特有的社会地位，使他们不仅在政治、经济上享有绝对的特权，而且，他们所倡导的社会主流文化（贵族精神）和行为准则，是全社会理应学习与效仿的"社会文化坐标"。

贵族们把打高尔夫球作为一种社交活动，是处于特定生活方式的需要。起初并没有太多的附加内容，人们只是以消遣的活动方式，彼此之间沟通情感，切磋

技艺，缩小"等级贵族"与
"权贵贵族"之间的隔阂与情
感距离。而且，这种"田园社
交"的生活方式，的确给人们
带来了心灵上的愉悦和生活
中的快慰。一时间，打高尔夫球
无论从行为上，还是从组织方
法上，人们把打高尔夫球看作
是一种重要的"田园社交"。
因此，处于社会意识与生活方
式的文化延伸，贵族们将这一

田园社交是早期高尔夫运动鲜明的人文特征

时期的高尔夫"游戏"，引领到一种户外全新的社交方式。所以，早期人们打高
尔夫球的基本功能诉求，是源自于上流社会社交文化的一种延伸。这一时期的礼
仪文化特点集中体现在以下方面：

1. 打球的着装具有典型的户外社交活动的着装规范

由于受到绅士文化对行为规范的教育影响，中世纪上流社会的人们无论是参
加社会活动，还是出席社交舞会；无论是参与户外的打猎与骑马，还是手牵"情
人"在户外"闲庭漫步"，人们在着装的行为体现上，都彰显出社交礼仪所需要
的行为意识与行为规范。当贵族阶层的上流社会的人们将高尔夫游戏作为户外
"田园社交"的休闲娱乐方式时，人们也就自觉地将着装的礼仪规范与行为意识，
体现在了高尔夫游戏的娱乐之中。

2. 高尔夫球友会（俱乐部的早期萌芽）进一步强化了高尔夫礼仪的文化内涵

"球友会"作为中世纪上流社会高尔夫球友们的社会组织，不仅反映了参与
者共同的社会特质，也体现了"球友会"的性质与功能特点，即共同的地位、共
同的兴趣与爱好、共同出资与共同维护和管理、小规模与私密性强等，这些反映
"球友会"的社会特点，将上流社会的各种社会意识与行为方法，在"球友会"
的"田园社交"活动中得到了进一步的强化与传承。

（二）"职业竞技"——分化了高尔夫"游戏"的社会功能

如果说早期的高尔夫"游戏"，是由苏格兰牧羊人在劳动之余所启蒙的一种自娱自乐的户外游戏，那么贵族集团及王室成员则是把高尔夫"游戏"作为绅士文化的"舶来品"，给予强劲的文化影响和填充；而西方职业竞技的出现，则又是把高尔夫"游戏"引领到一个全新的社会发展领域，即职业高尔夫运动。

随着职业高尔夫运动在欧美地区的广泛兴起与快速发展，以"田园社交"为主题的高尔夫文化开始了社会分化。职业高尔夫运动的核心，是以竞技能力和技术水平的综合表现，通过参与比赛成绩作为评判运动员实力的依据。因此，无论是高尔夫运动的竞赛组织方式、技术运用、球具的设计与生产等，都有与以往以"田园社交"为目的的高尔夫运动有了很大的变革。而运动员参加比赛的服装，更是要以满足竞技能力和技术水平的发挥为根本，而那些突出表现社交需要的服装设计，已不能适应职业高尔夫运动的需求。

因此，随着职业高尔夫运动的发展，体现职业竞技运动功能需求的竞赛组织方式、运动技术的运用、球具的设计与生产、运动服装的革新等，成为了这一时期高尔夫运动的发展主题。而这一时期高尔夫礼仪文化的发展特点，主要体现在以下方面：

第一，《高尔夫球规则》强化了高尔夫运动精神，进一步规范了比赛的行为准则。

第二，高尔夫着装改变了以"田园社交"为主题的要求，但对运动过程中的着装要求，仍然保持着早期着装礼仪的文化底蕴。

（三）"休闲时尚"——彰显了现代生活的新理念

在高尔夫运动长达几个世纪的历史发展进程中，无论其运动器材和运动服装如何变革，也不论其社会性质和参赛群体的怎样分化，其运动的本质始终如一，即以高尔夫运动特有的文化内涵为基础，以不同技术的运动方法为手段，以竞技比赛或休闲娱乐为目的，进而构成了高尔夫运动整体发展的基本结构。

在历史的车轮进入21世纪之后，人类社会的发展完成了从工业化到信息化，再到高科技社会生产的跨越，人类已摆脱了靠繁重的体力劳动的生产方式，使人有了充足的休闲时间。从社会个体来讲，人们在不断地、有意识地安排自己富有个性的休闲生活。从工作之余的各种娱乐活动，到周末假期的出行计划；从着装意识到服装消费，休闲服装、休闲活动、休闲旅游、休闲餐饮等，休闲成为人们生活方式中重要的组成内容。而从一个国家的经济发展政策来讲，政府越来越重视围绕人们的休闲生活所需要的经济政策与产业发展，从休闲产品的社会化生产，到围绕人们休闲消费需求的产品供给；从企业的产品生产，到企业的产品服务，休闲化成为了当今社会发展的趋势，我们面临着一个休闲时代的来临。

高尔夫运动休闲、时尚的文化属性，不仅具有历史的发展底蕴，更有着符合当代人们生活诉求的文化特点。因此，高尔夫运动作为休闲、时尚的娱乐方式，对现代休闲生活方式注入了一种全新的生活理念。高尔夫礼仪文化，在当代以休闲、时尚为主题的娱乐方式中，集中体现以下方面的特点：

第一，高尔夫运动着装在保留传统文化底蕴的前提下，更加符合时尚设计的生活诉求，高尔夫服装成为现代休闲、时尚服饰的首选。

第二，高尔夫礼仪的文化外延，开始向着更加宽泛的社会领域拓展，如高尔夫商务礼仪、高尔夫服务礼仪等。

第三，高尔夫礼仪文化已成为现代社会交往礼仪文化的组成部分，发挥着独特社会功能与作用。

小结： 高尔夫运动是一种融西方传统文化底蕴与现代多元文化表现方式为一体的文化现象。这种现象的启蒙与发展，由于受到不同历史时期社会政治、经济与人文的影响，逐渐成为内涵丰富外延宽泛的文化特质，而高尔夫礼仪文化就是高尔夫文化特征的核心表现。概括起来讲，高尔夫礼仪文化具有社会发展的时代性与稳定性、形象性与整体性、传承性与播迁性的文化特征。

思考题：

1. 高尔夫礼仪文化的时代性与稳定性特征。
2. 高尔夫礼仪文化的形象性与整体性特征。
3. 高尔夫礼仪文化的传承性与播迁性特征。

本章作者：麦全安　李　康

第三章　高尔夫礼仪文化的社会发展动因

　　内容提要： 高尔夫礼仪，是高尔夫运动社会发展进程中带有标志性的"文化符号"，也是高尔夫运动所倡导的运动精神的核心价值的重要体现。从高尔夫礼仪文化发展的脉络讲，高尔夫礼仪文化的形成与发展、不同时期的社会境遇与人文诉求，以及文化播迁等，使得高尔夫礼仪从单一的社交行为规范，逐步发展成为内涵丰富、外延宽泛的文化现象。本章从高尔夫礼仪文化的形成与发展过程中，高尔夫规则的制导作用、人们在高尔夫实践中的"约定俗成"，以及高尔夫文化社会延伸三项内容，讲述高尔夫礼仪文化社会发展的动因。

　　关键词： 高尔夫规则；高尔夫实践；高尔夫文化。

第一节　《高尔夫球规则》
——高尔夫礼仪的行为指南

　　规则，通常是指规定出来供大家共同遵守的制度或章程。《高尔夫球规则》是由大家认同的行业权威机构，根据高尔夫运动规律，以倡导的高尔夫运动精神为前提，以有利于所有参与高尔夫运动的人们在公平、公正的条件下，发挥运动技能和运动水平为基础，所规定的对人们参与高尔夫运动的行为方式、竞赛方法、违规处理等具有约束性和指导性的成文条例。

　　由 R&A 和 USGA 共同制定的《高尔夫球规则》，是一部全面、翔实的对参与高尔夫运动和组织高尔夫比赛具有指导与约束作用的行为指南。《高尔夫球规则》在第一章，就开宗明义地确立了高尔夫礼仪、礼貌的行为规范。虽然在 3 章 34 条的《高尔夫球规则》中，有关对高尔夫礼仪、礼貌的文字表述并不多，但是，《高尔夫球规则》的第一章有关高尔夫礼仪、礼貌的规定，对《高尔夫球规则》的所有内容都具有重要的行为制导与行为规范的约束作用。

一、高尔夫运动精神释义

《高尔夫球规则》开篇的第一章的第一款，就是对"高尔夫球运动的精神"的解释，虽然文字不多，但作为高尔夫球规则纲领性地陈述，确立了高尔夫运动的精髓。

规则中对高尔夫球运动精神的阐述，是一种在通观意义上的解释。高尔夫运动的精神，实际上是反映了以西方传统的"绅士文化"为思想基础，以文明、典雅的行为举止为表现特征，以参与者（球员）的自律意识和良好的诚信态度为行为目的的综合体现。

（一）对比赛中球员交往过程的礼貌与谦让

在高尔夫比赛及各种形式打球的全过程中，球员与球员之间，球员与球童之间，球员、球童与球场管理者和其他服务人员之间，以及球员与观众之间，是一种特定环境下不同身份人员之间相互作用、相互影响的联系方式。无论人们之间的相互关系怎样，在不同环境、不同性质以及不同目

球员之间相互礼貌与谦让是球场的基本礼仪

的的交往中，人们都应当以优雅的"绅士风度"和彬彬有礼的合作与交往方式，恪守礼貌之规范，既遵守了高尔夫规则各项规定，又不失恭谨与谦让，这样才能营造和维护高尔夫运动场上和谐、文明、健康的运动与社交的人文环境。

例如：当球员在最后一洞比赛结束之后，球员之间（男子）相互脱帽握手致意以示祝贺。这个过程就是一种高尔夫运动所推崇的"绅士文化"当中最基本的礼仪，它体现了"尊重他人"的文明、礼貌、高雅的行为举止。

无论是高尔夫比赛还是其他形式的高尔夫运动实践，人们相处和相互交流的时间也许是暂时的，但是球员在交流过程中对高尔夫运动所倡导的精神的体现与尊重是永恒的。礼貌与谦让不仅是高尔夫运动精神在人们交流过程中的行为表现，也是体现每一个高尔夫参与者文明素养与绅士风度的行为意识和行为准则。

（二）对执行规则的行为自律与为人处世态度的诚信

从当代竞技体育比赛的角度讲，大多数情况下高尔夫比赛是在没有裁判员监督下的比赛，这是高尔夫运动最为显著的特点。在比赛中，运动员在任何情况下都应当对自身的行为负责，并对违反规则的行为给予自觉的判罚。高尔夫球员对执行高尔夫规则能否以诚信和自律的态度来判定自己的行为，不需要像其他球类运动比赛那样，对胜负与得失分的判定必须有"形影不离"的裁判来确定，这已成为高尔夫运动所倡导的精神的重要标志。

例如：高尔夫规则规定，"必须在球的现有位置打球"，如果球员试图"改善球位、预期站位或挥杆区域、打球线"，就违反了此条款的规定，比洞赛就判该洞负；如果比杆赛则加罚2杆，而对球员是否在球的现状态下打球的认定或球员是否遵守了"必须在球的现有位置打球"的规定，大多数情况下是要靠球员的行为自律，以及对待可能出现的违反规则的诚信态度，自我做出评判。

再如：当球员的球停留在沙坑时，规则规定球员在沙坑击球之前不允许球杆的杆头触及沙坑中的地面。而在球员准备打沙坑中的球时，杆头接触地面或不接触地面，其挥杆的稳定性直接影响到球员的击球质量。所以，球员是否杆头接触沙坑地面，完全取决于球员的自律行为。

世界著名女子职业高尔夫球员魏圣美，在其个人职业生涯的第一场比赛中，虽取得了第四名不俗的成绩，但却在抛球地点上有失诚信，犯了一个职业球员的低级错误，导致被取消比赛成绩和奖金。在高尔夫比赛或其他形式的打球中，也许球员的一些不良行为不会被人发现或注意，但是，一旦球员的行为选择有失诚信并被他人发现，不仅会受到规则严厉的处罚，而且也会因为球员行为的不自律、不诚信，使其他球员不信任和看不起，因为高尔夫运动所倡导的精神，是绝不允许任何"弄虚作假"和"掩耳盗铃"的行为出现。

（三）对环境保护的自觉意识与对他人行为的尊重

在高尔夫运动过程中，无论是正式的比赛还是休闲娱乐的打球，高尔夫运动精神所体现的对环境保护反映在对球场自然环境和人文环境两个方面：

1. 对球场中（高尔夫运动过程中）人文环境的保护

在社会公共环境中，人们都有自觉遵守公共环境秩序、爱护公共环境设施的责任和义务及尊重他人的社会公共道德意识。《高尔夫球规则》在第一章中明确规定了"球员在球场上要始终为其他球员着想，不应以走动、讲话或制造不必要的声音等方式干扰他人打球"，这是高尔夫运动精神在尊重他人方面的具体表现，也是高尔夫运动对球场中人文环境保护的重要体现。

比如：根据高尔夫规则第一章第一款的规定，当球员准备打球时（无论是在发球区、球洞区通道或球洞区），其他球员和相关人员（球童、裁判人员、记分员和观众等）应当保持肃静，并且在不影响球员打球视野（打球线的前方和后方）之外的地方保持静立，以免影响或因自身的行为对正在打球的球员形成干扰。而在观看职业高尔夫比赛时，当球员准备击球时，观众应当自觉地保持静止状态，不能因自己的行为不端（如接听电话、与他人大声交谈、走动或发出声响等），对球员击球造成影响。

2. 对球场自然环境的保护

在《高尔夫球规则》第一章中还规定："球员应认真修复任何由其造成的打痕和因球的冲击对球洞区造成的损伤（不论损伤是否由球员本人造成）。"这些条款的规定，反映了高尔夫运动精神的实质，即任何人都应自觉保护球场的自然环境，不造成对球场草坪、植被、花卉、景观植物等的损害。球员或其他形式的高尔夫运动的参与者在运动实践过程中，应遵守对球场保护的行为规范。

比如：球员在球场的任何区域做挥杆练习时，不应造成对球场不应有的损害。球员在发球区、球洞区通道和沙坑中击球之后，或因球的冲击力对球洞区所造成的"球痕"，应主动修补。对于这种行为不仅仅是球童服务的一项重要内容，更是球员"为替其他球员着想"的良好行为意识的重要体现，也是保护球场自然环境的自觉行动。

（四）对运动着装社会群体意识的遵守

高尔夫运动所倡导的文明意识和精神实质，有些是通过规则的规定而确立了人所遵守的行为规范，而有些是人们在长期的高尔夫运动实践中，在高尔夫所倡导的精神实质的影响下"约定俗成"的群体意识。比如，高尔夫运动的着装礼仪，就是高尔夫运动"约定俗成"的一种群体意识，并成为高尔夫运动中一项人所共知的重要的礼仪。这种"约定俗成"的社会群体意识，不仅是高尔夫比赛运动员和休闲打球过程中球员所遵守的行为规范，也成为高尔夫俱乐部运营管理中的一项重要管理措施。

虽然球员西服革履打高尔夫球的年代早已成为历史，但人们在打高尔夫球过程中的着装礼仪，依然延续着"绅士文化"特有的文化脉络。比如，在高尔夫运动中人们要穿着带有领子（或高领）的运动T恤衫和休闲西裤（或西装短裤），女士可以穿运动短裙等。而其他着装（如低圆领的运动T恤、牛仔裤等）则不能下场打球，也不能参加任何形式的高尔夫比赛。因此，高尔夫运动在参与者的着装礼仪上所形成的群体意识，形成了这项被誉为"绅士运动"的重要的文化标志。随着多元文化的社会发展，人们对高尔夫运动的着装礼仪虽然有了更趋于时尚化的选择，但是，高尔夫运动在几百年的社会发展与文化传承中所形成的着装礼仪的行为意识，依然是高夫运动所倡导的精神价值取向的重要体现，也是高尔夫礼仪文化的标志性"文化符号"。

案例分析：

不以规矩，不能成方圆

《孟子·离娄上》中说："不以规矩，不能成方圆。"做事有规矩，每项运动也都有其规则和礼仪规范，作为绅士运动的高尔夫尤其如此，无论是为健身还是为拓展交际圈走上球场，举手投足的一举一动都体现着个人修为与涵养。球品即人品，在球场上的模范球员也必是大家在生活中乐于交往的人。

2013年11月3日观澜湖世界第一挑战赛日前在海口上演，泰格·伍兹和麦克罗伊之间的巅峰对决，吸引了近两万名观众到场。但高尔夫球场上的种种不文明行为，也因本次比赛的娱乐性质更加凸显。

尽管本次挑战赛的门票为888元人民币，但仍降低不了众多球迷一睹伍兹和麦克罗伊"单挑"的热情。"我们已经控制了观众的数量，否则来20万人都有可能。"观澜湖主席朱鼎健告诉记者，但到场的两万人已经让球场的工作人员应接不暇——许多观众根本不顾甚至不懂高尔夫球的观赛礼仪。

现场观众必须身穿带领子的上衣，这是高尔夫球运动最基本的礼仪之一。但记者注意到，穿圆领T恤到场的球迷不在少数；按照规定，在球员进行比赛时，球道内不允许球迷进入，但不少球迷却越过球会早已划定的观赛区域，直接跑到广告板后观看比赛，工作人员过去提醒，球迷还理直气壮地不愿离开。更有甚者，当伍兹和麦克罗伊在果岭击球时，很多球迷为了能够更近距离地观看两人的推杆，甚至跑到果岭周围的沙坑中驻足观看。这在国外举办的高尔夫球比赛中是根本不可能出现的，让很多了解高尔夫球运动礼仪的观众摇头叹息。

"现场可能有一半人不打甚至不懂高尔夫球，他们来这里就是为了追星，把看这次比赛当成看演唱会一样。"朱鼎健对此很无奈，在他看来，国内的高尔夫球运动虽然热度不断提升，但相关的文化和礼仪却提升有限，"去年我们曾举办了明星表演赛，很多人穿着短裙和高跟鞋就进草坪，看来要想让高尔夫球运动真正普及，需要提高的地方确实很多。"

观众是高尔夫比赛不可缺少的重要组成部分，但观众的行为也会对高尔夫球员的技术发挥产生重大的影响。做文明观众，遵守高尔夫礼仪，这是每一位观众都应当时时刻刻约束自我的行为准则。高尔夫文化的社会化发展，需要大家共同努力，从我做起，从身边小事做起。

二、关于"对球员自身和他人安全"的礼仪规则要求

关于球员自身和他人"安全"礼仪的基本规定，是《高尔夫球规则》中对球员最基本的行为要求。高尔夫球场虽然有着开阔的场地环境，但是由于球员手握器械（球杆）的挥杆力量、对球的飞行距离与速度，都会对球员挥杆范围、球飞行区域内各种物体和人产生强烈的碰击与伤害。因此，高尔夫运动的参与者及相关管理人员树立和强化打球的"安全"意识，不仅是高尔夫运动实践的基本前提和重要保障，也是高尔夫礼仪的基本要求。

（一）挥杆练习时要确保周围没有人站立

球员在参加比赛或其他形式的打球过程中，无论是在等待发球，还是在球道中在做各种试挥杆练习时，基于安全礼仪的要求，球员必须确保周围没有人站立方可进行练习。当一组球员来到发球台时，由于前一组球员刚刚发球后出发，并且尚未离开发球安全区域，此时等待发球的球员可以在发球台附近进行挥杆练习，但必须保证挥杆练习地点的周围无人站立，并且不会因挥杆练习而击起的小石子、树枝等，对任何人员造成安全隐患。球员无视周围情况随意挥杆练习，其后果往往会造成对他人的伤害。

高尔夫礼仪文化概论

（二）确保在有效击球距离中没有球员（或其他人员）

无论是在发球台还是在球道中，在球员准备发球（发球台）或准备击球（球道中）时，如果球员的发球（包括在球洞区通道或其他障碍区的击球）可能对前方上一组球员或其他人员（如球场管理人员）造成安全隐患时，应等前方人员远离落球区之后方可发球。如果发球之后球员才发现前方有其他人员时，则应及时发出安全警告。一般来说，其惯用的安全警告用语是"看球"。如果球员的击球对前方球员可能产生了影响，那么在与其相会时应主动地向受到影响的球员致歉。

在高尔夫球场，球员选择"完全"也意味着选择了对他人的尊重，为他人着想。因此，球员在任何情况下，都不能忽视安全的需要。

三、关于"为其他球员着想"的礼仪规则要求

"为其他球员着想"是《高尔夫球规则》有关球场礼仪、礼貌的重要规则要求。球员在球场上要始终为其他球员着想，不应以走动、讲话或制造不必要的声音等方式干扰他人打球；球员应当确保自己带到球场的任何电子用品不会对其他球员造成干扰；在发球区上，球员不应在轮到自己开球之前先行架球；当其他人准备打球时，球员不应站在太靠近球的地方、球的正后方或球洞的正后方。

为其他球员着想，在高尔夫实践中，是一项全面而又具体的礼仪与礼貌的行为体现，它应当成为每一位球员自觉的行为意识。

（一）任何时候都不要干扰和影响他人

"为其他球员着想"不仅是每一个高尔夫运动参与者理应提倡的行为意识，更是球员在运动实践中恪守高尔夫礼仪的行为准则。当球员在发球区、球洞区通道、球洞区上准备击（推）球时，其他球员应当保持安静，并且处于准备击球球员击球线（包括球洞区上的球员"推击线"）的正后方以外的位置保持静立。由于非击球球员的原因（如走动发出的响声、噪声、以及手机的响声），形成了对正在击球球员的干扰影响，该球员可以重新击球而不受罚。

观看职业比赛的观众，虽然属于比赛中的"局外者"，但是，也应当是与球

员一样，在任何时候都不能因自己的行为影响和干扰球员的正常比赛。尤其是在球员准备击球或准备推击球的情况下，应保持静止状态，为球员创造良好的比赛环境。

（二）尊重和保护球员在球洞区上的"推击线"

在球洞区（果岭）上，"球员不应站在其他球员的推击线上；当其他球员击球时，注意不要让自己的身影投射到其推击线上。球员应当站在球洞区上或球洞区附近，直至本组其他球员全部击球进洞之后再离开。"

推击线，是球员在球洞区上进行推击球之后期望球运动的路线。也就是说，球员从球的静止状态，经推击之后进入球洞或到达理想目标区域的球的运动途径。这条经球员判断之后而设计的"遐想"路线，从道义上和高尔夫运动精神来讲，理应得到其他球员的保护与尊重，球员不应踩踏他人的推击线（即便是无意的）。虽然在规则中并没有就踩踏他人推击线的相应处罚条款，但踩踏其他球员推击线的行为被视为不道德和违背高尔夫精神。而当球员准备推击球时，其他球员不可以站立在球洞的后方，或推击线的后方，同时球员的身影投射也不能对球员推击线产生干扰和影响。

在球洞区上，当球员查看自己的推击线时，应从同组球员停球位置与球洞之间连线（遐想的连线）的后方（球位或球洞）走过，而不应当从同组球员的停球位置与球洞之间的连线跨过，更不应踩踏同组球员这条"遐想"的推击线。如果球员因无意踩踏了同组球员的"推击线"，被踩踏"推击线"的球员可以"修补"因球员的踩踏造成的"痕迹"而不受处罚。

（三）不要在球洞区上停留

"比杆赛中，如有必要，为其他球员记分的球员应当在前往下一发球区的途中，核对相关球员在刚打完的球洞的成绩并记录下来。"《高尔夫球规则》之所以将球员记录每一洞比赛分数的时间，提示球员应当在一洞完成之后，在走向下一发球区的过程中核对球员在刚打完之洞的分数，其原因就是要使球员尽快离开已打完之洞的球洞区，以免影响后一组球员比赛或打球的速度。

当同一组球员打完一洞之后，应迅速离开球洞区。球员不应因核对彼此之间的成绩而在球洞区滞留，以免影响后一组球员的打球速度。

四、关于"打球速度"的礼仪规则要求

球员在参加高尔夫比赛或参与其他形式的打球过程中，保持应有的打球速度，不仅是一种对他人尊重的礼仪规范，也是每一个球员应当具备的良好的行为意识。通常情况下，基于比赛或打球安全因素的考虑，《高尔夫球规则》建议俱乐部或比赛组织者，对每一组参赛球员的发球时间间隔有一定的要求，因此，球员应遵守球场或竞赛组委会对打球速度上的时间规定。

（一）保持快速的打球速度并及时跟进

《高尔夫球规则》规定：一组球员有责任跟上前组，如果他们落后前组一个完整洞且耽误了后组，不论后组有几名球员，该组球员都应当请后组先行通过。即使一组球员没有落后前组一个球洞，但如果后组的打球速度明显更快，他们也应邀请打球速度较快的组先行通过。

《高尔夫球规则》赋予了赛事组委会许多自主权利，"打球速度指南"就是由赛事组委会根据当地球场规则，以及参赛球员的整体水平情况制定的。遵守"打球速度指南"，保持打球速度和及时跟进，是每一位球员应尽的义务和责任，同时也是球员良好的球场行为举止的基本表现。

（二）做好打球准备

及时做好打球准备，是保障打球速度的基本条件。"在轮到自己打球时，球员应当尽快做好准备。在球洞区附近或在球洞区上打球时，球员应当把自己的球包或球车停放在适当的位置，使自己能够快速离开球洞区并尽快向下一球洞的发球区运动。当一个球洞的打球结束后，球员应当立即离开球洞区。"

什么是球员做好了"击球准备"，规则在第二章第2款中有明确的规定。即无论是在发球区还是在球洞区通道和球洞区上，当轮到自己打球时，球员应尽快做好打球准备，并尽可能缩短"击球准备"的过程。这样做的目的就是确保打球速度与及时跟进，以免造成不必要的延迟和后续球员"塞车"现象。

球员在发球区及其他区域击球或推击球之前，确定击球、推击球的参照点或做必要的击球和推击球的练习，这是符合规则要求的。但如果球员无故地延长练习的过程和次数，就造成了延误打球速度的现象，这种做法违背了高尔夫运动精神。

（三）遗失球

遗失球在高尔夫运动过程中时有发生，但围绕寻找遗失球的行为要求，球员则应体现出高尔夫运动精神，即对其他球员给予应有的尊重。"如果球员相信自己的球可能在水障碍区外遗失或出界，为了节省时间，他应当打一个暂定球。一旦发现不太容易找到，寻找球的球员应尽快发出信号，让后组球员先行通过。他们应在找球没有超过 5 分钟之前发信号。允许后组先行通过后，在该组通过并走出球的射程之前，本组球员不应继续打球。"《高尔夫球规则》对球员在打球过程中的"遗失球"有着明确的规定和补救程序。此处强调的是球员可能出现遗失球并正在寻找球的过程中，应遵循的基本程序中让后续组先行通过或在后续组远离击球射程范围之后才能打球的基本规定。

不按照《高尔夫球规则》寻找遗失球，或不按规则进行补救的球员行为，不仅是违反了《高尔夫球规则》，更是违背高尔夫运动精神的不良行为。

五、关于"球员优先通过"的礼仪规则要求

在高尔夫比赛或其他打球过程中，由于每一组参赛球员遇到的情况和出现的问题各不相同，因此也就必然会出现打球的时间进程不可能完全按照赛前规定的时间间隔依次完成。为了保证打球速度和及时跟进的规则精神，《高尔夫球规则》制定了"球场上的优先权"这一专门规定。这条规定既是保障球场上的打球速度，也是高尔夫运动精神，即"尊重他人"的具体体现。

（一）打球顺序的优先击球权

通常情况下（非比赛状态），一组球员在第一洞发球区旁边，通过抽签或"抛梯"（或其他替代形式）的方法来决定优先击球权。在下一洞则是前一洞获胜一方或分数领先的球员优先击球。如果前一洞成绩打平，则按照上一洞的打球顺序击球。如果位于第二发球的球员忽略了发球顺序而首先发了球，那么，处于第一发球的球员有权取消该球员的发球，并按照正确的顺序重新发球而不处罚。

《高尔夫球规则》对球员优先击球权的规定，既是保证打球速度的客观需要，也是球员在行为选择上对他人尊重的行为体现。

（二）打球过程中的优先通过权

当一组球员因寻找"遗失球"，或因打球速度的跟进等原因，造成后续一组跟进受阻时，后续一组具有优先通过权。但是，单独一人组不具有优先通过权，并且单独一人组应让任何两人以上的其他组先行通过。当四人一组的球员与后边跟进的两人一组的球员处在了同一发球台时，四人一组的球员应当让两人一组的球员首先通过。

从高尔夫俱乐部资源的合理利用来讲，一人组打球同多人组打球所占用的球场资源是相同的。因此，很多高尔夫俱乐部一般在会员日是不接待一人组下场打球的。

六、关于"保护球场"的礼仪规则要求

高尔夫球场是具有社会化特性的体育设施和娱乐场所。比赛参与者或打球的相关人员，都有爱护球场的基本设施，以及保护球场自然生态与人文环境的义务与责任。这种义务与责任，一方面体现了高尔夫球员良好的社会行为意识，另一方面则体现了高尔夫运动精神所倡导的"为其他球员着想"的行为举止。

（一）关于对沙坑的保护

"沙坑"不仅是球场中的障碍区，也是确定"打球方向"并具有球场"景观"优化作用的功能。因此，强化球员对球场"沙坑"的保护意识，是《高尔夫球规则》球场礼仪、礼貌的重要内容。

当球位于沙坑中时，沙坑中的沙子平整与否，直接影响球员的击球质量。如果球员在沙坑中击球之后，没有对所造成的坑穴和足迹进行平整，必然会对后续球员的球进入沙坑产生严重的影响。所以，球员在完成沙坑击球之后，及时平整沙坑中的坑穴和足迹是每一位球员责任，也是反映球员良好的行为意识和行为举止的表现。

当球员的球进入沙坑时，球员应当选择由距离停球位置最近处进入沙坑，并在打球之后，自己或由球童平整球痕之后，尽可能地沿原来进入沙坑的路径离开沙坑。

（二）修复打痕、球痕和钉鞋造成的损坏

《高尔夫球规则》规定：球员应认真修复任何由其造成的打痕和因球的冲击对球洞区造成的损伤（不论损伤是否由球员本人造成）。在本组所有球员都完成一个球洞后，应当修复由高尔夫球钉鞋对球洞区造成的损伤。

在高尔夫比赛和其他形式的打球过程中，任何球员都不可避免地会产生由于击球的动作或力量，对发球区、球洞区通道等区域的草坪造成损伤。球员虽不能控制"打痕"对草坪的损伤，但是却有义务和责任对造成草坪损伤的"打痕"进行修复。所以，《高尔夫球规则》在"对球场的保护"中，明确提出了对球员的行为责任的要求。

球员修复因击球对草坪造成的损伤（即便打痕不是球员本人造成的），不仅是每一位球员对球场保护的一种责任，也是体现球员"为其他球员着想"的一种义务与礼貌。尤其是当球员不小心，鞋钉对球洞区的草坪造成损坏时，一定要主动地进行修复，否则这种损伤如果正好处在后续组其他球员设想的"推击线"上时，就会对其他球员造成直接的影响。因为规则规定，在球洞区上准备推击球的球员是不能修复"推击线"上因钉鞋踩踏的痕迹的。

（三）避免对球场任何区域的草坪不必要的损伤

球员击球时，对球场草坪的损伤往往是不可避免的，但是，球员做试挥杆的练习时，则应当尽可能避免对草坪的损伤。而且球员在比赛或打球过程中，也应当避免其他非打球行为对球场草坪可能造成的损伤。

草坪是体现高尔夫球场品质的重要标志，而对草坪的保护，不仅仅是球场管理人员的责任，也是所有高尔夫运动参与者共同的责任。在高尔夫比赛和其他形式的打球过程中，参赛球员及相关人员对球场草坪所造成的损伤，有些是因球员的击球动作导致，而有些则是参赛球员或相关人员的非打球行为所致。无论是什么原因，任何人都有责任尽可能地避免造成对草坪的损伤。

高尔夫运动对所有参与者在运动中所应遵守的礼貌规范和行为举止，是高尔夫运动精神的核心体现。《高尔夫球规则》在第一章开宗明义地诠释了高尔夫运

动"礼貌规范"的基本要求，充分说明了高尔夫运动的所有参与者都应当具有良好的自律意识，并且按照高尔夫运动所倡导的基本精神与行为规范，这样才能使每一个参与者都能更好地享受高尔夫运动的魅力和乐趣。

第二节　高尔夫实践
——促进高尔夫礼仪群体意识的"约定俗成"

高尔夫实践，是这项运动各种文化元素的承载体。在高尔夫运动几百年历史发展演进中，不同时期的社会发展与人文特点，通过人们在高尔夫运动中的行为表现，不断被沉淀、积累、传承、发展，进而逐渐形成了高尔夫礼仪文化的"约定俗成"。

从词义上讲，"约定俗成"是指事物的名称或社会习惯，是由人们经过长期实践而认定或形成的一种民间性质的约定。它是一种建立在世俗、人情、道义、道德间的社会习惯，而不是建立在法制、条规、硬性制度上的。

高尔夫运动，作为由"牧羊人"自娱自乐的"游戏"演变而来的现代体育运动项目，在漫长的历史发展过程中，不同时期社会境遇、人文特征，以及不同社会领域中的文化元素，不断填充着它的文化内涵，使其逐渐形成了一种特色鲜明、内涵丰富的文化现象。高尔夫礼仪，是在高尔夫运动的实践中，在人与社会和人与人之间的相互影响，以及共同价值取向和兴趣爱好的作用下，形成了"约定俗成"的文化创造。概括起来讲，这种"约定俗成"的文化创造，经历了具有社会群体认同意义的个体的行为模仿、行为习惯，以及高尔夫群体的人文意识三个不同作用的社会发展。

一、个体行为模仿奠定高尔夫礼仪认知的第一步

行为，是指人在主客观因素影响下而产生的外部活动，是具有目的性与目标指向性的活动过程。模仿，是个体自觉或不自觉地重复他人的行为的过程，是社会学习的重要形式之一。可分为无意识模仿和有意识模仿、外部模仿和内部模仿等多种类型。从心理学的角度讲，模仿是最真诚的学习方法。

行为模仿，其本意是技能培训与教育活动中的一种教学手段，即通过观察和仿效其他个体的行为而改进自身技能和学会新技能，达到掌握与自主运用的

学习方法。由于高尔夫运动的参与者具有特定群体的社会属性，当人们聚集在高尔夫球场时，人与人之间的相互影响，就会产生相互之间行为模仿的作用。而这种因个体的共同兴趣与爱好所产生的行为模仿，是群体意识"约定俗成"的重要基础。

高尔夫礼仪，是高尔夫运动标志性的"文化符号"，也是在高尔夫运动的过程中彰显其独特作用与功能。从高尔夫运动技术与高尔夫礼仪的二元关系来讲，人们首先是从掌握高尔夫运动技术开始，并在学习与掌握的过程中，逐渐地认识和了解了高尔夫礼仪，最终形成高尔夫运动技术与高尔夫礼仪的浑然一体。

（一）共同的兴趣对行为模仿的制导作用

"兴趣是最好的老师"，这是爱因斯坦的一句名言。无论是以"田园社交"为参与目的的中世纪高尔夫"游戏"，还是当下以休闲娱乐为核心的高尔夫休闲运动，球员接近或参与高尔夫运动的直接动因就是兴趣。当一个人对某一事物有了浓厚的兴趣，就会主动去求知、去探索、去实践，并在求知、探索、实践中产生愉快的情绪和体验。所以，不少球员在体验高尔夫运动之后，就会逐渐喜欢上它，并最终成为执着的高尔夫"发烧友"。于是，就有人戏称高尔夫是"绿色鸦片"。

在对高尔夫运动充满兴趣的精神作用下，行为模仿也就成为接近高尔夫、认识高尔夫、学习高尔夫的重要路径和方法。比如：高尔夫教练员、身边的高尔夫球友等，都可能成为球员们认识高尔夫、了解高尔夫的行为模仿对象。在行为模仿的制导下，人们对高尔夫的兴趣得到了巩固与加强，进而促使人们对高尔夫运动投入更多的经历与锻炼。

（二）明确的目标对行为模仿的推动作用

职业高尔夫球员是以参加比赛、获取奖金或更好的职业排名，作为自己参加高尔夫运动的目标；业余高尔夫球员则是根据自己的兴趣和爱好，把高尔夫运动作为社交的工具、休闲娱乐的方法、增进健康的手段、商务谈判的配合等。于是，通过学习与锻炼，掌握了高尔夫运动的基本技术，并在不同的环境下发挥其功能与作用。因此，明确的目标不仅是高尔夫球友们掌握高尔夫技术行为模仿的重要学习手段，也会对不同身份（职业和业余）球员认识与了解、学习与掌握高尔夫运动礼仪规范，发挥着积极的促进作用。人们在目标指向的作用下，在高尔夫运动技术学习与掌握的实践过程中，也将行为模仿的功能运用在了对高尔夫礼仪的学习与实践之中。

二、个体行为习惯促成高尔夫礼仪的自觉体现

行为习惯，是人们在一定时间内逐渐养成的意识（思维方式）与行为（行动方法）的条件反射系统，是在客观环境与主观意识的作用下，自觉地完成某种行为的主体反映，它是一种自动化了的动作或行为，也包括思维的、情感的内容。

当我们在高尔夫运动的实践过程中，受行为模仿与反复体验和实践积累的影响，逐渐形成一种客观环境的要求与球员主体行为意识之间的条件反射时，高尔夫礼仪的行为规范也就逐渐地成为一种人人遵守的自觉体现。

（一）自觉遵守《高尔夫球规则》

《高尔夫球规则》是高尔夫运动人人遵守的行为"法典"，也是在公平、公正条件下进行各种高尔夫比赛的重要依据。虽然高尔夫球友不一定人人都精通和了解《高尔夫球规则》，但随着球友对高尔夫运动实践的积累，对《高尔夫球规则》的认识与了解也由浅入深、由模仿他人到自觉地践行。因此，当高尔夫球友们把《高尔夫球规则》都作为自觉遵守的行动指南时，高尔夫运动的社会群体意识也就逐渐形成了"约定俗成"的自觉行动。

（二）自觉维护高尔夫运动精神

高尔夫运动精神是高尔夫运动的行动指南，也是高尔夫文化的核心价值所在。虽然《高尔夫球规则》的第一章对高尔夫运动精神的实质进行了诠释，但是，要使高尔夫运动精神得到发扬与传承，每一个球员都有责任与义务自觉地维护高尔夫运动精神，即"尊重他人、保护环境、诚信自律、恪守礼仪"。随着球员对高尔夫运动实践的积累，自觉维护高尔夫运动精神的行为意识也会逐步地增强，最终形成自觉的行动。

（三）自觉表现诚信自律

诚信自律，不仅是高尔夫运动精神的重要体现，也是反映一个人的道德水准与文明素养的行为准则与行为结果。在高尔夫运动过程中，以自己的信用取信于其他球员，并对其他球员给予信任，这是高尔夫礼仪文化的精髓，也是体现球友自觉维护高尔夫精神、表现自我素养与行为规范的自觉行动。只有每一个高尔夫运动的参与者都能自觉地表现良好的诚信与自律，才能更好地体现高尔夫是"绅士运动"的功能与意义。

小故事

汤姆·凯特的诚信与自律

汤姆·凯特（Tim Kite）是世界著名的职业高尔夫球员。几年前在美国北卡罗来纳树林球场（Pinehurst resort）的一场比赛中，当他在球洞区做击球准备时，球因振动而有轻微移动，虽然此时并没有人看见球移动，但是他还是给自己施加了处罚。加罚的 1 杆最后使他输掉了这场比赛。同年，他赢得了美国高尔夫球协会的"鲍勃·琼斯奖"（Bob Jones Awards）。此奖每年颁发一次，旨在奖励最伟大的业余高尔夫球手和表彰在高尔夫领域表现突出的运动员。汤姆·凯特的故事给我们很多启示，由于他在球场上恪守诚信，虽然丢掉了冠军，损失了冠军奖金，但他的高尔夫行为赢得了成千上万高尔夫球人的尊重。美国高尔夫球协颁发的"鲍勃·琼斯奖"就是对这位伟大球手的最大肯定。

三、群体意识构建运动与礼仪融合的人文环境

高尔夫群体，是一个特殊的社会群体，是不同的社会个体处于对高尔夫运动共同的兴趣与爱好，所形成的共同的社会指向和多元化的个性特征的统一。高尔夫群体意识，是指在共同的兴趣的作用下，在高尔夫运动实践中所反映的共有的意识，它是在社会个体参与高尔夫运动的过程中，相互影响与互动过程中形成的。高尔夫群体意识，反映了以高尔夫人文精神为核心，以高尔夫运动方法为手

段，以实现个体心理诉求为目标的社会特征。

高尔夫人文精神，也指高尔夫精神，是一种关怀人本、尊重他人、倡导诚信、严以自律的综合体现。高尔夫精神通过《高尔夫球规则》的制定，将精神目标转换为行动规范，形成了人人遵守的行为指南。

高尔夫运动方法，既是高尔夫运动实践的具体的技术手段，也是高尔夫精神落实的承载体。高尔夫运动所倡导的礼仪、礼貌，是依附高尔夫运动实践的行为准则，离开高尔夫实践和技术的运用，则无法体验高尔夫礼仪、礼貌的功能与价值。

高尔夫个体的心理诉求，是反映不同社会个体对参与高尔夫运动的不同认识、不同动机的心理倾向。高尔夫运动是一种具有西方传统文化底蕴、与现代多元文化社会发展为一体的文化现象。高尔夫文化既是人们的认知对象，也是人们的消费对象。因此，人们选择以高尔夫文化为消费对象的个体心理诉求也就各不相同。高尔夫群体意识是构建高尔夫人文环境、促进高尔夫礼仪"约定俗成"的重要基础，是高尔夫精神与高尔夫实践相互融合的结果。

（一）高尔夫精神——对参与者的潜移默化

高尔夫精神，是受西方传统文化的影响，以及高尔夫运动环境与运动方式的客观需求，经过人们长期的实践总结，所形成的对这项运动的发展具有引领作用的价值体现与人文。潜移默化，通常是指人的思想、性格和习惯，由于长期受某种因素的影响，无形中对原有的个体意识和行为表现起了变化。

高尔夫精神具有高尔夫参与者群体的认同意义和社会价值。当人们在参与高尔夫运动的实际过程中受高尔夫运动整体人文环境的影响、参与高尔夫运动个体的行为表现，以及群体行为对个体的行为引导和行为教化等作用，高尔夫精神的现实意义与功能价值，就会对所有参与高尔夫运动的社会个体具有积极的行为制导和人文精神的潜移默化作用。这种潜移默化的影响，逐渐形成一种社会群体意识，进而又对高尔夫精神起到了进一步"固化"的作用。

（二）高尔夫实践——高尔夫礼仪的承载体

高尔夫实践，既包括高尔夫技术实际运用的过程（如比赛和娱乐休闲），也包括高尔夫人文环境的不同实践（如高尔夫俱乐部服务、高尔夫商务活动、高尔夫产品营销、高尔夫企业管理等）。因此，高尔夫实践在现代高尔夫运动的社会发展进程中，具有十分广泛的社会空间。高尔夫礼仪是在依附于高尔夫实践，在不同的环境中强化着高尔夫运动精神，促进着高尔夫文化的健康发展，引导着人们对高尔夫运动的正确认识与行为规范。

因此，高尔夫实践与高尔夫礼仪，是一个相互影响、相互依存的统一体。人们通过不同的高尔夫实践活动，认识和了解了高尔夫礼仪，并掌握了高尔夫球场和不同环境下的礼仪与礼貌，逐步形成了自觉的行为规范。而人们在运用高尔夫礼仪、强化行为规范的同时，又促进了对高尔夫运动的正确认识，塑造与完善了球员自我的价值取向。

第三节　高尔夫文化
——推进高尔夫礼仪的社会延伸

随着高尔夫运动逐渐走进人们的视野，人们对高尔夫的认识与评价也开始丰富起来。从中世纪贵族集团的"田园社交"与游戏方式，到现代"社会成功人士"的身份象征；从"高雅与文明"，到"健康与时尚"；从"休闲娱乐"，到"现代生活方式"等等，这些不同认识和评价的背后，似乎都承载着不同的文化元素，仿佛使我们走进了一个各式各样"文化符号"的八卦阵。虽然对高尔夫文化的认识至今并没有一个明确的概念界定，但是，高尔夫作为人类社会发展进程中特定领域的一种文化现象，已得到了人们普遍的认同。

一、关于高尔夫文化的概念

如果我们把观察事物的认识视角回归于高尔夫运动的发展历史，我们发现高尔夫运动最初作为一种社会"草根阶层"的趣味游戏，其本身并没有反映太多的文化内涵。由于最早的高尔夫游戏受到中世纪欧洲社会文化发展的影响，逐渐成为反映欧洲社会发展与人文特征、社会制度、传统观念、行为规范等各种社会文化现象的特殊文化载体。它不仅仅是一种运动，一种娱乐，更是一种文化，它的历史、规则、礼仪、服饰等形成了一种独特的文化氛围。因此，对高尔夫文化的认识实际上包括了广义认识和狭义认识两方面。

（一）广义的认识

从广义上讲，高尔夫是一种融西方传统文化底蕴和现代文化的多种表现形式为一体的特殊的社会文化现象。从传统文化的角度讲，现代高尔夫运动依然保留着欧洲中世纪西方"绅士"文化的遗风，从运动过程中的着装、交流和行为规范，体现了高尔夫运动所倡导的礼仪、谦恭、自律等浓郁的"绅士"文化特征。从现代社会文化的发展讲，高尔夫运动融现代经济、文化、科学技术，以及人们对现代文明和高雅、健康的生活方式的心理发展需求等为一体，体现了现代经济、文化一体化社会发展的基本特征。因此，高尔夫是一项具有广泛的文化传播性和很强的经济包容性的社会文化现象。

（二）狭义的认识

从狭义上讲，高尔夫文化是指以高尔夫运动为核心，反映高尔夫行为特征、基本方法，经济活动和相关社会实践活动的综合。总的讲，高尔夫文化是一种提倡道德的、激励的、时尚的、健康的、有利于塑造良好社会风气的文化，它具有以竞技比赛为目的和以休闲娱乐为目的的双重性特征。

二、高尔夫文化具有对人的行为品质的教化作用

高尔夫运动被人们誉为"绅士运动"，其中的重要原因就是高尔夫运动不仅将"尊重他人，保护环境，诚信自律，恪守礼仪"的基本行为准则，写入了《高尔夫球规则》，而且在其规则中对所倡导的高尔夫运动精神有着翔实的诠释。虽然当前社会上存在着对高尔夫运动社会发展的不同认识与评价，但是，高尔夫所倡导的运动精神，却与社会主流文化之间有着"一脉相承"的价值取向。因此，从一种社会特定领域的文化形态来讲，高尔夫虽然不具备推进社会发展的主流文化的社会作用，但对人的道德规范与行为规范都具有积极的社会教化作用。

（一）高尔夫文化的核心价值具有广泛的道德性

高尔夫文化的核心价值是高尔夫运动所倡导的基本精神，而高尔夫精神的有

形体现就是高尔夫礼仪。

首先，高尔夫文化的启蒙与社会的基础具有中世纪社会主流文化的历史痕迹。早期高尔夫"游戏"作为反映主流社会生活方式的"田园社交"，有着符合"贵族阶层"的高贵典雅的气场，每一个高尔夫球员无论在球场上，还是在高尔夫会所里，都要非常注意自己的言行举止，并使其符合球场的着装礼仪、比赛礼仪、会所礼仪等等。在"贵族集团"的价值取向具有社会"文化制导"作用的年代，高尔夫文化所倡导的精神实质与行为规范，不仅形成了高尔夫运动特有的文化环境，而且也确立了高尔夫运动社会发展的文化基础。

其次，高尔夫精神所强化的诚信与自律，不仅体现了高尔夫运动本身的特殊性，也是对人的品性与行为方式的泛道德的社会教化。高尔夫运动所倡导的精神与人的体验、情感、人格、社会地位和社会关系联系在一起，使人的自律意识与社会责任、人格尊严与社会品位形成了深层次的社会关联，使其在任何时候都表现出高尔夫球员应有的诚信与自律、公平与友谊的运动精神。

因此，高尔夫文化的核心价值，与不同时期的社会主流文化的价值取向，具有深层次的社会关联，无论是对高尔夫球员还是其他社会个体，都具有泛道德性的社会教化作用。

（二） 《高尔夫球规则》对人的行为规范的潜移默化

从文化表现方式的作用和意义来讲，《高尔夫球规则》是高尔夫文化的重要组成部分，是高尔夫运动的"法典"，是竞赛组织、球场管理、球员行为规范的基本依据，也是高尔夫运动的整体价值观、道德规范和行为准则。从现代竞技运动的社会发展来讲，高尔夫是唯一一项自我控制的体育运动，与许多其他的运动项目相比，高尔夫运动是不需要在裁判员监督下进行的，每位球员本身就是自己的裁判员，这就要求每位球员都必须在公平、公正、公开的原则下进行比赛，球员严格自律地对待每一个打球行为，客观地评判自己的打球行为与状况。《高尔夫球规则》成为影响每一个球员的基本行为准则，并潜移默化地影响和约束人们的行为，它不仅保障了人们的行为举止得体、规范，而且确保了比赛的顺畅运作。因此，经常从事高尔夫运动，对个体的行为意识与行为规范都会产生积极的潜移默化的作用。

三、高尔夫文化具有对社会人文的包容作用

在当代多元文化社会发展的影响下，高尔夫作为一种特定领域的社会文化现象，也有了更为广阔的外部发展条件和内在发展动力，成为现代经济与文化发展大潮中的新兴产业，并不断衍生出符合当代社会不同发展需求的新的文化内涵。在这种社会发展背景下，高尔夫文化不仅在经济领域发挥着积极的作用，而且也逐渐地在不同的领域表现出不同的文化价值。

（一）高尔夫文化成为不同行业的"服务品牌"

高尔夫作为一种文化现象，在现代经济发展大潮中，所显示出的文化经济价值产业化社会发展特征，已成为人们的共识。而高尔夫文化的人文特征与价值，又成为高尔夫产业社会发展进程中，不同生产与服务领域企业经营理念的重要基础。高尔夫不同领域的生产与服务企业，以及其他相关服务行业，将高尔夫"高雅、文明、健康、时尚"的文化内涵和高尔夫运动独特的文化表现方式，作为高端"客服"的品牌策略。尤其是在一些金融证券、银行、保险等领域，高尔夫已经成为这些行业服务于高端客户的常态性服务产品。

（二）高尔夫运动成为商务往来的"社交工具"

在现代市场经济的商务往来过程中，高尔夫运动经常被作为商务往来的"社交工具"发挥着与众不同的作用。在体育运动中，竞技对抗是体育运动的魅力所在，没有对抗的竞技也就失去了其本身的魅力。然而，高尔夫运动的对抗不是同场竞技的其他球员，而是高尔夫球场本身。高尔夫运动的特殊对抗形式，非常适合高端社会交往的平台。在大多数情况下，往往商务谈判的各方，都具有为自身利益努力争取的心理诉求，因此，在谈判的过程中也就自然会充满"竞争"的气氛。高尔夫球场是自然与人文相结合的户外运动场，其环境不仅幽美，而且运动方式平和休闲。当人们把打高尔夫球作为商务社交的基本手段时，由于受到环境的影响，此时的商务谈判也会变得相对容易了。因此，高尔夫运动经常被人们作为商务往来的"社交工具"。

（三）高尔夫文化成为现代生活方式的"时尚符号"

从消费文化的价值取向来讲，高尔夫文化所表现出的自然与人文、健康与时尚、自我实现与事业成功，这些都能反映高尔夫消费者选择高尔夫消费方式的心理反应与价值诉求。尤其是随着人们经济生活水平的不断提高、高尔夫消费产品的多元化生产，人们选择不同方式的高尔夫消费产品，如高尔夫球场打球、高尔夫练习场体验、高尔夫旅游，以及购买高尔夫品牌的休闲服装等，正在成为现代都市人们生活方式的"时尚符号"。

（四）高尔夫文化成为个体行为方式的"文明坐标"

从人类社会发展实践来讲，不同社会体制下的社会发展，为了维护社会体制所倡导的社会准则和行为标准，都必然要有管理不同社会体制下社会成员的行为标准，以及指导社会成员从事各种社会实践活动的行为规范。高尔夫运动是一种有章可循、对参与者有感染力和行为约束力的现代体育运动，它所倡导的精神，即尊重他人、保护环境、诚信自律、恪守礼仪，使人们参与这项运动不仅是一种生物运动过程的体验，更是一种精神文化的洗礼与感受。因此，高尔夫运动不仅对人的体质健康具有积极的功能作用，更有着对净化人们的心灵、脱弃世俗的不良习惯、树立和增强社会意识、培养人们良好的行为准则，具有重要的现实意义和长远的发展意义，是完善个体行为意识与行为方法的"文明坐标"。

小结： 高尔夫礼仪是高尔夫文化整体社会发展的重要组成部分，也是具有西方传统文化人文基础的文化现象。在高尔夫运动漫长的社会发展进程中，高尔夫礼仪文化之所以能成为高尔夫运动的标志性"文化符号"，一方面是《高尔夫球规则》对高尔夫礼仪的行为规范的制导作用；另一方面，高尔夫运动的社会实践，促进了高尔夫礼仪社会群体意识的"约定俗成"；还有高尔夫文化的形成与社会发展，推进了高尔夫礼仪的社会延伸，这三方面的作用，是高尔夫礼仪文化社会发展的基本动因。

思考题：

1. 高尔夫精神的基本内涵。
2. 个体行为的模仿和个体行为习惯与高尔夫礼仪的关系。
3. 高尔夫文化的概念。
4. 高尔夫文化对人的行为品质的教化作用。
5. 高尔夫文化对社会人文的包容作用。

本章作者：黄志勇

中 篇

高尔夫礼仪文化结构论

　　高尔夫礼仪是高尔夫文化整体发展的重要组成部分，在高尔夫运动漫长的社会发展进程中，逐渐形成了内涵丰富与表现形式多元的人文现象。中篇《高尔夫礼仪文化结构论》着重从"高尔夫礼仪的表现形式——文化符号的创造""高尔夫礼仪的表现方法——文化结构的创造"和"高尔夫礼仪的表现意义——文化价值的创造"三章进行阐述。通过本篇的学习，使大家对高尔夫礼仪文化的基本结构能有一个全面、客观的认识和了解。

第四章　高尔夫礼仪的表现形式
——文化符号的创造

内容提要：在人类文明演进过程中，人的一切社会实践充分证明了人不是生活在一个纯粹的自然世界，而是生活在一个文化的世界之中。正是由于人在各种文化创造的活动中，才使得人真正成为具有社会属性的自由人。高尔夫礼仪文化，是人类文化创造过程中，表现特殊领域社会实践的"文化符号"。高尔夫礼仪文化的内涵丰富，形式多样，是人们长期进行高尔夫运动实践与其他社会活动相结合，不断积累与发展的结果。本章从高尔夫礼仪文化结构分层认识的角度，介绍高尔夫礼仪的体态语、客体语和环境语三个不同的高尔夫礼仪的内容、特点与运用。

关键词：高尔夫礼仪体态语；高尔夫礼仪客体语；高尔夫礼仪环境语

第一节　高尔夫礼仪的体态语

体态，即人的身体姿势、形态。在人类社会实践中，人与人之间的沟通与交流，既可以借助于语言沟通情感、传递信息，也可以通过身体姿势，即体态，来传情达意。这种运用人的身体姿态传递信息的"语言"称为"体态语"或"姿态语""动作语"等，它是人与人之间交流的一种方式，也是人的社会活动与社会交往的基本技能。

在高尔夫运动实践过程中，运用体态语的礼仪方法，向他人传达信息、沟通情感，是更好贯彻高尔夫运动精神、体现对他人的尊重、构建和谐球友情感的重要方式，也是球员依据不同环境合理运用高尔夫礼仪的基本方法。

一、高尔夫礼仪体态语的概念

运用身体姿态向他人传情达意，是高尔夫礼仪常见的一种表达方式，也是球员情感交流的重要途径。比如：在高尔夫比赛时，当一组球员在第一洞开球前，球员相互脱帽（男性）握手以示鼓励和祝愿。而在最后一洞比赛结束时，同组球员又相互脱帽握手祝贺，这是高尔夫运动中最常见的"体态语"礼仪。而"脱帽+握手"则是高尔夫礼仪规范的"体态语"。

所谓高尔夫礼仪体态语，是指在高尔夫运动过程中，人们借助于身体姿态，向他人传达情感与信息，使他人更好理解自己的意图，使自己的表达方式更加丰富，表达效果更加直接，进而使球友之间更加和谐的各种身体姿态运用的综合表现。高尔夫礼仪的体态语，虽然属于身体语言，但是球员心理语言的外露，是球员心理活动真实的情感，通过体态语的方式表露出来。因此，高尔夫礼仪的体态语，实际上也反映了球员的思想境界、人文素养和精神面貌。

按照高尔夫运动的基本规律，以及不同环境下球员体态语礼仪的运用方式，高尔夫礼仪的体态语，主要体现在"情态语"和"身势语"两种方式。

（一）高尔夫礼仪情态语

"情态语"是高尔夫礼仪体态语的基本表现方式之一，是指在高尔夫运动过程中，球员在不同情景下运用面部各种动作构成的表情"语言"。如微笑语言、目光语言等，以此作为球员表达心理活动的信息传达方式。

人的表情是人的内心世界的"荧光屏"，当球员之间相互打招呼时，微笑是一种令人愉悦的表情，它可以和声音语言（如您好！打球愉快！）及行动（握手、举手打招呼等）一起相互配合，起到互补作用，以表达球员之间的尊重的诉求。有时情态语的合理运用，可以拉近球友之间的关系，或表达某种善意的信息。如：球员面带微笑，并用食指靠近嘴唇发出"嘘"声，可以起到让球员或其他人员保持安静的提示作用。

因此，高尔夫礼仪的情态语，是一种用微笑与眼神传达球员内心活动，并充满善意的行为表现。有魅力和充满善意的笑能够拨动人的心弦，架起球员之间友谊的桥梁。如果球员的微笑与举止协调配合，以姿助笑，以笑促姿，形成完整、统一、和谐的美，就会使人在打球的过程中感受到愉悦、安详、融洽和温暖。

（二）高尔夫礼仪身势语

"身势语"是高尔夫礼仪体态语的另一表现方式，是指球员运用身体的某个部位表现某种具体含义的动作符号。身势语最典型的表示方式就是"手势语"，比如握手、挥手、招手、手指、手号等，可以表达球员之间的友好、祝贺、认同、惜别等多种语义。而球员运用身体姿态传达某种语义，也是高尔夫礼仪身势语的基本表现方式，如耸肩、击掌、摇头、挥拳等。姿态语可表达自信、乐观、幽默、豁达等语义。

在高尔夫运动实践过程中，球员的动作与姿态往往是球员的思想感情和文化教养的外在体现，合理的运用身势语言表达球员的情感与心理活动，可以营造和谐、快乐、幽默的打球环境和氛围。比如：球员在果岭上一次成功的长推取得好成绩（小鸟球），此时，与同组球员之间，或与自己的球童之间，以相互击掌的方式表示祝贺，不仅表达了彼此的情感，也对球员的自信是一个极大的鼓舞与提升。

"情态语"和"身势语"在高尔夫运动的实践过程中，经常是相互配合互补运用。合理恰当地运用"情态语"和"身势语"，不仅可以表达与反映球员的心理活动和传达情感，还可以营造和谐、融洽、愉悦的高尔夫打球氛围与情趣，使球员获得打高尔夫球更多的附加值。

二、高尔夫礼仪体态语的特点

高尔夫礼仪体态语，是球员借助于表情与身体动作将心理活动与思想情感传达给他人的行为表现。正确与恰当地运用体态语的表达方式，不仅可以拉近与其他人的情感距离，营造和谐、愉悦、融洽的打球氛围，也是球员提高自身交际能力与"语言"运用技巧的重要方式。因此，了解高尔夫礼仪体态语的运用特点，有助于我们恰当合理地运用。

（一）表达方式的直观性

高尔夫礼仪的体态语，是一种无声语言，是借助于球员的表情、动作、身体姿态直接作用于他人的视觉神经来交流信息、感知思想、传达情感。比如球员的"点一点头""微微一笑""努一努嘴""摇一摇手指"做一个"OK"手势等，在一定环境中都可以达到球员之间传达信息、传递情感、和谐融洽的目的。因此，高尔夫礼仪体态语的运用，具有直观性强、运用简洁、情感表达针对性强的特点。

（二）表达含义的隐喻性

高尔夫礼仪的体态语在运用过程中，不像有声语言那样表达全面、彻底。而是具有隐喻性，即暗示性。体态语的运用往往是潜意识的，球员要把真实的思想与情感或者某种信息，浓缩成手势、手号、微笑、眼神等方式，以表达情感和信息。比如：球员用食指靠近嘴唇发出"嘘"声，提醒其他球员保持安静，此时，得到该提醒的球员立即以点头微笑，以示歉意。这种对自己行为的歉意表达，就是一种隐喻性的体态语方式。因此，高尔夫礼仪的体验语的运用具有表达含义的隐喻性特点。

（三）表达过程的综合性

高尔夫礼仪的体态语表达方式，往往不是孤立的、单一的，而是将情态语与身势语综合运用，使表达的内容更加准确，情感更加丰富。比如："脱帽+握手"，这是高尔夫礼仪体态语综合性运用最显著的特点。球员为了提醒其他球员保持安静，用食指靠近嘴唇发出"嘘"声，此时如果没有微笑的表情，或者"嘘"声过于短促，球员要表达的含义就可能是另一种意境了。因此，体态语作为高尔夫礼仪的基本表达方式，不仅具有表达过程的综合性特点，而且在运用的过程中，表情与动作的运用强度和时间都有不同的含义和意境。

（四）表达环境的局限性

高尔夫礼仪体态语的表达，是球员相互之间交流与情感互动有声语言表达方式的补充，也就是说，体态语的运用是在适当场合，运用适当的情态语和身势语来表达和传递与其他球员的沟通信息，才能起到补充与完善交流内容的作用。比如：在与球员相互交谈的过程中，无论是正式的比赛，还是球员之间的休闲娱乐，如果其中某一球员太多地运用身势语言，就会显得"轻佻"，反而是对其他球员的不礼貌。因此，高尔夫礼仪的体态语运用，具有语境的局限性特点。

三、高尔夫礼仪体态语的运用

高尔夫礼仪体态语，是高尔夫运动过程中球员之间有声语言交流的补充，具有辅助性的运用功能。恰当地运用体态语可以强化球员之间的情感关系，营造良好、和谐、融洽的氛围。相反，体态语运用过于繁杂和不规整，甚至低俗，不仅不能起到与球友沟通交流的融洽关系的作用，还会带来别人的误解。因此，在高尔夫运动实践中，体态语礼仪的运用，可从以下方面建立恰当运用的行为意识和方法。

（一）打招呼问候的体态语运用

1. 点头打招呼

在高尔夫球场或俱乐部会所，球友们相见或与不曾相识的球友相遇，一般是在行进当中彼此以"点头"打招呼的方式表示问候对方。这种打招呼问候的礼仪方式，在高尔夫运动实践中非常普遍，运用时应注意：

（1）要面带微笑（传达善意）；

（2）上体微微前倾（表示尊重）；

（3）配合口语"您好！""早上好！""早！"等（表示亲切与友好）。

如果彼此都戴着太阳帽，则不必摘帽，因为这种情况的打招呼大家是在行进当中做出的，不属于正式的礼节，只是一种一般礼貌。早在中世纪男士们为体现"绅士风度"，在遇到女士时要摘帽点头问候，后来逐渐简化成右手做出摘帽的动作，意为尊重即可，再后来大家彼此更加简化，只是上体微微前倾，点头问候。

2. 摆手打招呼

有时在会所或乘坐电瓶车相遇，为了营造和谐、友好的气氛，经常会以摆手并结合口语相互打招呼。如果相距较远，会举臂摆手（此时不必使用口语问候）；如果距离较近，则会在体前摆手，并结合口语打招呼。此时摆手打招呼的口语为"Hi""你好！""打球愉快！"等。有时由于环境的原因，不便使用口语，也常采用摆手结合眼神传递信息与问候。总之，采用摆手打招呼是一种相对比较轻松、不必拘礼的行为方式。但要落落大方，轻松自然，充满善意。

（二）表示认同和鼓励的体态语运用

1. 表示认同的体态语

通常情况下，有些环境（如在果岭或发球台上等）不便使用语言表达对同组球员或其他人员的某种行为的认同或赞成，往往运用体态语来传达自己的认同意向和情感。这种情景下运用体态语，主要有以下几种方式：

（1）翘大拇指

表示认同、赞成或感谢等。

（2）打"OK"手号

表示认同、赞成等。

运用以上两种体态语，还应注意配合面部表情，这样可以真诚地表达对球友或其他人员行为的认同和赞成。

2. 表示鼓励的体态语

为了对同组球员打出的好球给予鼓励和赞誉，通过体态语可以传达这种情感。用于鼓励球友的体态语主要有以下几种方式：

（1）与球友"击掌"

这种体态语通常是用于对同组球友打出的好球或球童为自己提供的帮助时（如果岭上的推杆进洞或其他地方打出的好球等），通过相互"击掌"以示祝贺或鼓励。这种体态语往往可以提升斗志，鼓舞士气，激发再创好成绩的精神。所以，适时地选择这种体态语的行为方式，最能营造与球友之间的良好、和谐的打球气氛。

（2）打"V"手号

"V"是英语"victory"（胜利）的意思。在人们日常生活中，手号"V"的意义已经被泛化成为一种广为运用的体态语。在高尔夫运动实践中，人们也经常把打手号"V"广泛运用到表示认同、祝贺、鼓励等情感的表达过程中。当然，在现代年轻朋友的体态语中，"V"手号还有一些高兴、愉悦的含义。

（三）表示提醒的体态语运用

在高尔夫运动过程中，出于"对他人的尊重"的需要，适时运用"提醒"的体态语，既可以避免因他人无意的干扰而影响球员的击球，也可以传达一种善意的提醒，使球员停止某种不合时宜的行为。

1．提醒保持安静的体态语运用

比如：在发球台上，当球员准备击球时，周围有其他球员在讲话，为了避免球员对准备击球球员的干扰，球员本人或他的球童可以运用"提醒"体态语，提醒讲话球员。而在果岭上，当球员准备推击球时，如果遇到相同的情况，也可以采用"提醒"体态语，告知其他球员或周围观看比赛的观众。运用"提醒"体态语的基本方法是：

（1）用食指靠近自己的嘴边；

（2）面带微笑；

（3）处于无意干扰他人的球员，应以歉意的点头示意。

2．提醒其他球员远离"打球延长线"和"推击延长线"的体态语运用

当球员准备击球或在果岭上准备推击球，而其他球员无意地站在了"打球延长线"和"推击延长线"上，对击球造成了影响和干扰时，球员可以运用"提醒"的体态语，善意地传达请球员离开"延长线"。其基本方法是：

（1）面带微笑，用右手（掌心向侧下方）向身后轻轻摆动；

（2）当球员离开"延长线"时，点头示谢。

（四）表示谢意和歉意的体态语运用

在高尔夫运动过程中，对他人给予的帮助表示谢意，以及自身的行为给他人带来的不便表示歉意，这是高尔夫礼仪最基本的表达方式。

1．表示谢意的体态语运用

在高尔夫运动过程中，对他人表达谢意的方式多种多样。除了表示感谢的口

语表达，一个会心的微笑，或友好的、充满善意的点头（此时可结合右手触及太阳帽的帽檐），以及拱一拱手都是一种表达谢意的体态语。而当他人运用体态语向你表示谢意时，会心地一笑或轻轻摆摆手，表示"不客气"或"这是我应该的"寓意，都是很适宜的体态语。

2. 表示歉意的体态语运用

表示歉意的词语通常有"对不起""请原谅""很抱歉""打扰了"和"给您添麻烦了"等等。当意识到自己的行为给他人造成不便或打扰时，理应及时地向他人致歉，而运用体态语的方式应根据不同情景，并结合语言表达歉意。如点头并结合口语说"对不起"，而西方有些致歉的方式是拍拍对方的肩膀。

第二节　高尔夫礼仪的客体语

客体语，是与主体有关的相貌、服装、饰品、气味、字笔等，是依附于主体的延伸物。这些东西在人际交往中承担着重要的传递信息的功能，具有鲜明的非语言交际性。在人际交流过程中，语言是交流的主要手段，但与此密切相连的非语言交际却常常具有特殊的功能。高尔夫礼仪是高尔夫文化整体发展进程中，具有鲜明交际功能的文化特征。高尔夫礼仪的客体语，则又是高尔夫球友之间相互交流、传递信息、彰显球员个人魅力的重要的"交际媒介"。

一、高尔夫礼仪客体语的概念

高尔夫礼仪的客体语，是指球员在高尔夫运动或其他高尔夫活动实践中，通过自我调剂与修饰，彰显在与球友的交际和互动过程中个人素养与魅力的行为方式。高尔夫礼仪客体语，既是高尔夫球员个人素养的基本体现，也是高尔夫礼仪文化的重要内容。

高尔夫礼仪的客体语，是反映球员个人行为意识的"附着物"。球员个人的文化素养、审美观，以及在与他人交际中的行为特点，都是通过"客体语"的表达方式展现在众人面前。因此，高尔夫礼仪的客体语，又是高尔夫礼仪的重要载体。

由于高尔夫礼仪的客体语是球员在主观意识的支配下，通过自我调剂与修饰

所表现出的行为特征，因此，它集中地体现在球员自我修饰的服装与服装配饰两个方面。

（一）高尔夫礼仪的"服装语"

服装可以说也是一种语言，是人的生活中诠释自我，或是在特定环境下体现人的行为规范的"文化符号"。正如僧侣为什么要穿道袍和袈裟，为的不仅是突出信仰，并作为一种职业标志鼓励社会的监督，其实还是每日每时对自己宗教身份的一种提醒。

高尔夫礼仪，是一种特定环境中人与人交际、沟通的行为方式。而在这种交际、沟通的行为方式中，服装是一种无声的语言，它体现着球员对高尔夫运动的正确认识，以及彰显球员自我形象的基本表现。也就是说，高尔夫球员的着装，在高尔夫礼仪中的作用，既有符合高尔夫运动"约定俗成"的文化氛围的环境要求，也有体现高尔夫球员个人形象特点的文化素养。

高尔夫运动对参与者的着装要求，是一种"约定俗成"的行为规范。这种表现在运动过程中行为规范的着装要求，被人们逐渐纳入到了高尔夫礼仪文化的基本范畴。因此，高尔夫运动过程的着装，成为一种体现高尔夫礼仪文化的"无声语言"，人们通过对这种"无声语言"的遵守，彰显了高尔夫文化的特殊魅力与行为表现。

服装，是最能体现个人形象与气质的外在物质，高尔夫服装也不例外。高尔夫球员在高尔夫运动中的着装规范，体现了对这项"约定俗成"的行为规范的尊重与守规。但是，如果球员在尊重高尔夫着装行为规范的基础上，又不失个人在着装上的风格与特点，这将从另一个角度反映了球员的审美特点，以及文化品位和气质素养。因为，不同的高尔夫服装款式、色彩，总能体现出不同性别、身材、风格与气质的个性差异，是彰显球员气质与风范的最好饰品。

（二）高尔夫礼仪的"服装配饰语"

服装配饰，是衣服搭配的一些配饰物品，与服装体现的是一种从属角色，是除了服装之外的服饰配件的总称。如头饰（帽子、头花、耳坠等）、肩饰（丝巾、披肩等）、胸饰（项链、围巾）、腰饰（皮带）、手饰（手链、手镯、戒指、手表）等。

高尔夫礼仪的"服装配饰语",是在体现高尔夫着装礼仪行为规范的基础上,球员个人根据自身的特点,所进行的高尔夫太阳帽、太阳镜、球鞋、袜子、腰带,以及球包、球包配件、雨伞等搭配。是球员通过选择符合自己个性特征的服装配饰,彰显良好个人形象与气质的"无声语言"。这种"无声语言"所表达的既是球员个人的主观意愿(情趣、爱好、风格、气质等)的选择,也是球员通过对自身形象的修饰,所表现出的内在气质与文化素养。

二、高尔夫礼仪客体语的特点

高尔夫礼仪的客体语,是高尔夫礼仪文化的特定"符号语言",是一种"无声胜有声"的语言表达方式。因此,在高尔夫运动实践中,高尔夫礼仪客体语具有非语言的交际性与实用性的特点。

(一)非语言的交际性

非语言的交际性,是指在高尔夫运动过程,以及其他高尔夫主题的相关活动中,球员之间除了语言之外的其他交际手段。在高尔夫运动实践中,高尔夫的"服装语"和"服装配饰语"的运用,同高尔夫运动球员之间的其他交际语言一样,具有高尔夫交际礼仪的重要功能。当球员身着一套风格鲜明、色泽典雅、款式时尚的高尔夫服装,与其他球员相处和交流时,由球员"服装语"所彰显的球员个人的气质与风度,往往会得到周围其他球员的夸赞与羡慕,这是一种"无声语言"在球员交际过程中所发挥的独特作用。相反,如果球员的着装过于随意,或者色泽与款式难以融入高尔夫运动的人文环境,相信大家不会认为是合适的着装。

(二)非语言的实用性

由于高尔夫服装具有鲜明的"标志性""功能性"和"时尚性"的设计特点,而且高尔夫服装配饰又是彰显球员个人主观意愿选择的外在物品,因此,高尔夫礼仪在客体语的运用和表现中,也具有显著的非语言的实用性特点。

首先,高尔夫服装的首要功能就是满足球员在运动过程中身体动作的功能需求。无论是服装材料、款式设计都要符合运动的基本需要。

其次，高尔夫服装配饰，是高尔夫服装的"延伸物品"，也是球员自主选择与搭配的结果，其基本功能也是满足球员在打球过程中的需求，除此之外，才是球员的个人的兴趣与爱好的需求。因此，高尔夫服装饰品，不仅体现球员个人的兴趣爱好，也是高尔夫服装饰品功能的体现。例如球员的"杆头套"，既有保护球杆的功能作用，也有传递球员兴趣与爱好的信息作用。

三、高尔夫礼仪客体语的运用

高尔夫礼仪传递的是一种人文精神，即高尔夫精神。而高尔夫礼仪的客体语，则是传递高尔夫人文精神的"符号语言"。合理运用高尔夫礼仪的客体表达方式，发挥客体语对高尔夫礼仪功能与作用，这是每一个参与高尔夫运动的球员（职业和业余）理应了解和掌握的高尔夫运动的基本知识。

（一）适时选择，合理搭配

高尔夫服装通常分为上衣和裤子两个主件，上衣通常是翻领的短袖或长袖T恤衫。高尔夫T恤的选择与搭配是体现个人性格与追求的首选，而T恤色彩的选择与搭配又是最能表现个人特点与气质的重要体现。亮丽的色彩、新颖的图案上衣和一色或条格长裤配起来既协调明快，又能与球场的环境相映衬，体现一种品位与心情。

高尔夫服装款式近几年更趋于传统与时尚、舒适与功能相结合的风格设计。无论高尔夫T恤或背心，还是高尔夫太阳帽或其他配饰，纵然一身有名的品牌未必能穿出气质与风采，最重要的是适时选择，合理搭配，即便不是什么名品牌，但也能彰显球员的魅力。因此，根据打球季节的变换，以及不同场合下场打球的需要，适时选择服装与配饰，并进行合理搭配，可以使球员在与不同角色的球友打球过程中，彰显良好的形象与气质。

1. 女士高尔夫T恤的选择与搭配

女士天生追求美，无论是对服装色彩还是款式，都有一种本能的审美优势。女士在选择高尔夫T恤和其他服饰搭配时，应注意以下问题：

（1）色彩要凸显女性的艳丽，不要太过于选择中性的色彩；

（2）T恤与长裤（或短裙）的搭配，要有一定的色差，切记不要上下颜色一致，或属于一个色系；

（3）太阳帽是女士高尔夫球友最注重，也是最能体现女性魅力的饰品。选择太阳帽要与 T 恤有色差，而且要避免选择深色（如蓝、黑色等）的；

（4）白色的高尔夫鞋可与任何色彩的 T 恤和裤裙搭配。当然，混合色彩的高尔夫球鞋也不失为时尚的选择。

2. 男士高尔夫 T 恤的选择与搭配

男士高尔夫 T 恤的选择与服饰搭配，是彰显男士优雅、绅士、气质、风度个性特征的重要体现。因此，男士在下场打球时选择高尔夫 T 恤，是一项重要的行为意识，也是高尔夫礼仪的重要体现。通常情况下应注意以下问题：

（1）夏季不要选择深色的 T 恤，这会使人产生与季节变化不相符的尴尬；

（2）单色的 T 恤体现稳重，格子与条纹的 T 恤彰显时尚，应根据个人的气质特点有侧重地选择；

（3）T 恤与长裤的搭配，应避免上下颜色一致或属于一个色系，如果上衣色彩较浅，则长裤应选择色彩偏深的，反之亦然。

（4）高尔夫太阳帽应与 T 恤有色差，如果帽子与上衣属于一个色系，会给人一种"头重脚轻"的失重感；

（5）腰带是男士高尔夫球友最能体现气质与特色的饰品，因此，选择时一定不要太夸张，太宽或腰带上有太多的装饰物等（腰带上挂钥匙链永远是男士们打高尔夫球的禁忌），要与长裤的色系有一定色差，但是白色的长裤系黑色的腰带（即便是名牌）就会显得很不协调；

（6）黑色的男士高尔夫鞋是永远的时尚，但是如果选择白色的长裤，最好是不穿黑色的高尔夫鞋。

（二）整洁雅致，不落俗套

高尔夫球场，是高尔夫运动的承载体，但也是社会交际的平台。因此，当我们身处高尔夫球场或以高尔夫为主题的活动中时，实际上也是融入了一种充满高尔夫文化氛围的社交场。此时，球员之间相互交际的"客体语"（服装与服装配饰）也就自然成为一种重要的"符号语言"。因此，球员在遵守高尔夫着装礼仪的前提下，还应注意以下问题。

（1）球员身穿有皱褶的服装，总是会令人感到邋遢，因此球员的服装应整洁干净；

(2) 无论由于何种原因，在室内戴高尔夫太阳帽总是有违于社交礼仪的；

(3) 在室内身穿有汗渍的服装或满身汗味，总是会令人感觉与环境不和谐；

(4) 适当使用一些男士香水，会使自己精神倍增和充满自信；

(5) 夏季不要选择秋冬季的高尔夫 T 恤，这会使人认为缺少社交礼仪常识。

（三）彰显自信，提升气质

自信是人对自己的个性心理与社会角色进行的一种积极评价的结果，是一个人取得成功必须具备的一项心理特质。而气质则是人相对稳定的个性特点和风格气度，它是根据人的姿态、长相、穿着、性格、行为等元素结合起来的、给别人的一种综合感觉。

在不同的社交场合，服装总能发挥为不同角色的社会个体增加自信、提升气质的功能与作用。高尔夫服装不仅是高尔夫运动的专用服装，也是一种特定环境中球员之间交际的"客体语"，是体现球员特性、风度、气质的重要的"符号语言"。因此，适时选择符合自身特点的高尔夫服装与服装配饰，不仅是高尔夫礼仪的基本要求，也是彰显自我个性的重要体现。当我们身处高尔夫球场时，根据自身的个性特征，选择合适的高尔夫服装与服饰，应注意以下问题：

(1) 高尔夫服装与配饰的选择，应做到色泽搭配协调，款式新颖，符合时尚。

(2) 上年纪的球员穿着颜色鲜艳、款式新颖的服装和配饰，会使人感觉颇有精神；年轻的球员穿着色彩深重的服装，则会令人感觉缺少阳光与朝气。

(3) 根据自己的身材胖瘦，选择合适的色泽与款式，可以从视觉上改变自己的某些缺憾与不足。这会使球员在打球过程中，或其他高尔夫主题活动中增进自信。

(4) 女性球员选择颜色过于中性的服装，会令人产生缺少女性气质的感觉；而男性球员选择过于中性的服装，则会使人感觉缺少阳刚之气。

第三节　高尔夫礼仪的环境语

从非语言交际的角度讲，"环境"是文化本身所造成的生理和心理环境（比如教学的课堂环境、开会的会场环境、展会的主题环境等），而不是人们居住的地理环境。"环境语"是指包括空间信息、时间信息、建筑设计与室内装修、声音、灯光、颜色、标识等，承载不同文化作用和不同功能的交际信息，是人们社会交际环境中一种"无声语言"。

高尔夫礼仪的环境语，是以高尔夫为主题的各种实践活动，由物质形态和人文表现所形成的一种文化氛围，在这种氛围中，人们的行为规范能自觉地符合这种氛围的文化主题与"约定俗成"的行为要求，是一种"无声语言"的传递与表达。

比如：当同组球员在发球台准备发球时，同组的其他球员和球童，都能自觉地保持静止和停止一切带有声响的事情。此时的环境状态，实际上就是在用一种"无声语言"，传递着高尔夫礼仪在此情况下对每一个球员的行为要求。再比如：当球员的球停在了界限外（界限为白色），此时，界线就是一种"环境语"的信息表达。如果球员能按照高尔夫运动精神严格自身的行为，就会主动地接受高尔夫规则的处罚（即便是在没有任何人看到的情况下）。如果球员缺乏诚信与自律的意识，也许就会选择违背高尔夫运动精神的行为，那么，"界线"所表达的"无声语言"也就没有任何意义了。

一、高尔夫礼仪环境语的概念

高尔夫礼仪既是高尔夫运动精神的重要体现，也是传承高尔夫文化的重要载体与途径。所谓高尔夫礼仪环境语，是指在高尔夫运动过程中，由物质形态与球员的行为表现，所形成的球员与球员、球员与他人之间交际氛围与信息表达方式。因此，形成高尔夫礼仪环境语的基本要素，是由物质形态的相关因素与球员的个体行为表现这两个基本内容构成。

(一) 物质形态的相关因素

物质形态的相关因素，是高尔夫礼仪环境语的重要基础，也是营造高尔夫文化氛围、传达高尔夫文化相关信息的重要承载体，比如有关高尔夫规则和球场当地规则在不同环境与不同物体用不同方式所传达的相关信息（比赛规程、球员须知、记分卡、发球台信息牌等）。高尔夫俱乐部或高尔夫比赛的主办单位，通过这些物质形态不同功能、不同作用的物品所传达的相关信息，为营造人人遵守的高尔夫礼仪文化氛围奠定了环境基础。作为承载高尔夫礼仪环境语物质形态的相

关因素，主要体现在以下方面：

1.《高尔夫球规则》与球场"当地规则"

《高尔夫球规则》是高尔夫运动的行动指南与行为纲领，它所确立的各项行为准则，体现了这项运动所倡导的基本精神与规范。因此，了解高尔夫规则，自觉遵守高尔夫规则的各项规定和要求，既是每一个参与高尔夫运动人们的责任，也是一种传承高尔夫文化、维护高尔夫运动精神的神圣义务。当球员参与不同性质的高尔夫比赛时，及时了解比赛的相关规程，尤其是事关球员成绩的计算方法和规定的相关信息，既是对比赛组织者的一种尊重，也是对自身的负责。只有了解与正确认识比赛规程与相关规定，才能用好规则，取得良好的比赛成绩。

球场"当地规则"，是《高尔夫球规则》赋予高尔夫俱乐部（球场）的一项具有自主性权限的补充性规则。通常"当地规则"通过俱乐部或赛事组织者，将有关"球场规则"的相关规定，通过不同的形式的信息传递，使球员及时了解"当地规则"的相关规定。

2. 高尔夫球场各种标示牌信息

高尔夫球场中的各种标示牌，在不同的区域传达着不同的信息内容，发挥着不同的信息功能。比如：在发球台上的"信息牌"具有服务信息的功能，而在电瓶车上的"驾车须知"，则具有安全驾车的警示功能。有些球场为了保证球员打球过程中安全，在一些敏感地区放置安全警示牌，这些都是在营造一种安全、温馨的打球环境。只有充分尊重这些信息提示，以及运用好这些提示的内容，才能真正体会高尔夫运动为人们所带来的身心快慰。

3. 高尔夫球场不同区域的界线

高尔夫球场中的各种界线，是按照《高尔夫球规则》所确定的场地范围。这些不同的界线，分别用不同的颜色加以确定，如球场界线为白色、正面水障碍为黄色、侧面水障碍为红色、整修地为蓝色等。这些界限的功能与作用，是为了保证高尔夫比赛公正、公平地进行。因此，这些线的标示既是一种"无声语言"，也是对球员自律意识和行为表现的一种"监督"。自觉遵守高尔夫球场的各种界线的规定，按照规则的要求，自觉、自律地接受界线的"监督"，是高尔夫球员文明素养和高尔夫礼仪的重要体现。

4. 高尔夫俱乐部不同区域的功能设施与服务

高尔夫俱乐部是为会员和球员提供专业化服务的企业。为了给会员和球员提供专业优质的服务，俱乐部不仅要设计出符合会员消费需求的功能区域，而且在不同功能活动区域的服务与管理上，也会采取具有针对性的服务。一般来讲，对会员和球员具有针对性服务的区域主要包括会所（更衣室、餐厅、咖啡厅、专卖店等）、球场、停车场等。当会员和球员进入不同的功能区域时，会受到俱乐部不同的服务。当会员和球员接受来自俱乐部提供的服务时，也会给予服务的提供者以尊重与配合。这种环境下的服务人员与会员和球员的互动过程，就是一种"无声语言"的信息传达，是高尔夫礼仪环境语的重要体现。

5. 高尔夫俱乐部的服务流程与标准

高尔夫俱乐部为会员和球员所提供的专业优质服务，是根据不同功能区域的划分，按照预先确立的服务流程与服务标准，由不同服务岗位的专门人员为会员和球员提供应有的服务。比如球员打球订场服务、前台接待服务、出发台球童分配服务，以及打球过程中的球童服务等等，这些不同的服务岗位，以及不同的服务职责与服务标准，是一种服务人员与会员和球员互动的过程，而这种互动过程所营造的环境，具有典型的信息传达与信息表述的功能。因此，高尔夫俱乐部的服务流程与服务标准，是高尔夫礼仪环境语的重要承载体。

（二）球员个体行为表现

物质形态的相关因素是营造高尔夫文化氛围、传达各种文化信息的承载体，而在这种氛围中，球员的个体行为表现，才是高尔夫礼仪环境语中最直接、最有效的"表达方式"。因此，在高尔夫礼仪环境语中，球员个体行为对环境语的作用，主要表现在以下方面的特点：

1. 球员行为意识对环境的影响

球员良好的行为意识，对环境的优化、氛围的营造都会产生积极的促进作用，相反，如果球员缺乏符合高尔夫运动精神的行为意识，也必然会对环境产生不利的影响，甚至破坏原本和谐、温馨、雅致的环境。比如当球员准备发球时，如果其他球员缺乏对"他人尊重"的行为意识，不该讲话时讲话、不该有声响时而发出声响，这必然对高尔夫礼仪环境语的传达造成极不和谐的负面影响；再比如球员在球道上抽烟并乱丢烟蒂，或者在果岭上任意踩踏其他球员的"推击线"，这不仅有悖于高尔夫运动的精神，而且也会对高尔夫礼仪环境语的传达带来不和谐的影响。

2. 球员体态语对环境的影响

球员的体态语主要是指"情态"与"身势"两种"语言符号"的表达方式。亲切、友善的情态，自然会对球员之间的交际环境产生和谐的影响。相反，球员的情态反映出消极、凝重，甚至充满敌意的面容，都会对环境产生不良的影响。而球员在某种环境下，由"身势"所传达的某种信息，也会产生两种不同的结果。比如：与女球员的握手力度过大，或者时间过长，都会产生令人尴尬的结果。而球员在会所、咖啡厅吃饭，或与人交谈时头戴太阳帽，一定是令人不爽和难堪的事情。因此，球员在不同环境下的"情态"与"身势"语言符号的表达，都会对高尔夫礼仪环境语的表达方式带来不同的影响。

3. 球员客体语对环境的影响

球员的服装与服装配饰，作为高尔夫礼仪的客体语的表达方式，对环境的影响是显而易见的。比如：球员身着牛仔服进入球场打球（虽然高尔夫规则中并没有禁止的规定），这一定会对"约定俗成"的高尔夫着装礼仪产生极不和谐的影响。而球员的服装过于邋遢、汗渍斑斑、满身异味，这些都会对球员之间相互交际的环境造成令人尴尬的影响。所以，球员的客体语所传达的服装与服装配饰"语言符号"，对营造良好的交际环境、促进球员彼此的和谐相处，都会产生积极的影响。

二、高尔夫礼仪环境语的特点

礼仪作为人们社会交往中律己敬人的行为表现，体现了多因素、多渠道的表现特征。人们在高尔夫运动或以高尔夫运动为主题的各种活动中，高尔夫礼仪的运用与人为表现，也一定是通过各种不同的行为方式、不同的表现载体，来营造和维护人们约定俗成的文化表达方式。高尔夫礼仪环境语，就是利用不同的物质载体，以及在人的行为意识支配下所表现的行为方式，形成符合高尔夫运动精神的文化氛围。因此，高尔夫礼仪的环境语，属于非语言性的行为表达，是由物质形态的信息承载与球员的自律意识和行为表现相互影响的结果。高尔夫礼仪环境语具有以下基本特征。

（一）物质载体的信息引导性

高尔夫礼仪环境，是由高尔夫文化所造成的人的心理环境，而这种心理环境对人们所产生的行为影响与作用，又与客观存在的物质形态的功能和作用密切相关。高尔夫礼仪环境语，则是由物质形态和球员的行为表现所形成的一种文化氛围，在这种氛围中，人们的行为规范能自觉地符合这种氛围的文化主题与"约定俗成"的行为要求，是一种"无声语言"传递与表达。因此，高尔夫礼仪作为高尔夫文化反映人与人之间的沟通渠道和表达方式，物质环境中相关载体的信息引导作用不容忽视。比如球场中事关"安全信息"的表达、高尔夫比赛对"球场当地规则"的信息表达、球员比赛中发球时间的"信息公布"、观众观看比赛时的"温馨提示"，以及俱乐部球员服务管理的各种流程与方法的"管理守则"的表达等等，这些不同承载体的信息传达，都对相关当事人产生了积极的信息引导与行为提醒和行动指南的作用。在这种信息引导的作用下，人们按照规定自觉遵守各项规定，确保比赛和其他活动的有序进行。当然，物质载体的信息引导作用只是一种特定环境下的"提示"，当一种文化对人们的认识形成一种自觉的行为意识时，人们通过不同的信息载体的作用也就会大大减少。

因此，在高尔夫运动和以高尔夫为主题的各种活动中，以物质环境中各种载体的信息传达，对营造良好的高尔夫礼仪文化环境具有积极的促进作用，这也是高尔夫礼仪环境语表达方式的一个基本特点。

（二）个体行为意识的自律性

行为意识，是人基于对客观环境的辨别，以及自我的认知能力而确立的行动认识方式。在高尔夫运动过程中，物质形态条件下的各种信息的传达或提示，对球员能否产生正确的引导，对球员的行为结果是否产生积极的作用，此时球员的行为意识的认知能力起着非常重要的作用。因为，只有球员在自我的认知过程中能够清晰地辨别球员自身的行为合理性，并且对不合理的行为能以自身的自律与诚信加以抵制，高尔夫礼仪的环境语才能真正地发挥作用。

比如球场"当地规则"明确了球场中哪些属于"不可移动"妨碍物，但是球员在没有他人在场的情况下，不按照规定而移动了球的位置，这种行为就是一种作弊，是球员缺乏行为意识自律性的不良表现，也是不符合高尔夫运动精神的行为表现。因此，高尔夫礼仪环境语的表达与运用，是客观环境的物质载体的信息引导与球员自身的行为意识之间的相互作用的结果。

三、高尔夫礼仪环境语的运用

高尔夫礼仪环境语的传达，实际上是由物质形态下的不同载体所传达的信息，与球员对这些信息的认知过程的相互影响，进而形成了一种符合环境行为规范的行动结果。因此，在高尔夫运动实践过程中，不同活动主题的要求各异，以物质形态为载体的信息传达，由于受人为因素的影响（信息载体的设计、内容的表述方式等），其信息传达的内容与方式也就存在着很大的差异性，那么球员对此也就会表现出不同的认知结果。因此，高尔夫礼仪环境语的营造与运用，应注意以下问题。

（一）信息载体的设计应具有可视性

在高尔夫球场，不同区域的信息载体所表达的信息内容，都是要求球员在相关信息内容的提示下，能够自觉地做出符合该环境行为规范的选择。因此，球场中各种信息载体设计的核心目的，是信息本身的功能作用，而不是用于视觉的装饰作用。

1. 信息内容应选择符合环境需要的物质载体

为了体现环境所需要的信息内容，选择信息载体也一定是该环境中的重要物质载体。比如安全礼仪的信息提示，一定是选择在安全性要求最高的"电瓶车"的显著位置，因为电瓶车的驾驶安全，是球场安全礼仪的最重要的环节。如果设计在"记分卡"上，也就失去了安全礼仪的真正意义。而在一次比赛中，如果将球员"发球时间表"集中张贴在俱乐部的信息栏中，似乎也是正确的，但是，如果通过手机短信或微信的通信方式把它发送给每一个球员，也许就会更加温馨与周到。

2. 重要信息要有突出的视觉可辨性

在高尔夫运动过程中，重要的信息传达往往需要用显著的方式，突出要传达的信息内容，或者用特别的颜色加以辨别。比如高尔夫球场中的各种区域的界限，就是用不同的颜色加以区别的。当球员的球停在不同颜色所限定的区域内时，球员行为应遵守《高尔夫球规则》或球场"当地规则"的要求，否则将受到规则的处罚。

3. 信息载体的设计不能对主题环境产生负面影响

高尔夫礼仪的环境语，是借助于物质载体的信息传达与球员的行为意识和行为方式相互作用的结果。因此，不同主题的信息内容，应与环境的需求相互和谐。不能夸大要传达的信息内容或表现方式，进而对主题环境产生负面影响。比如发球台的球道信息牌，内容不仅要准确，而且它的传达设计（物质载体的选择、信息牌的位置等）也应恰到好处，既方便于球员了解信息牌的球道信息，也不影响发球台的整体视觉效果与功能使用。

（二）强化行为意识的自律是每一个球员的责任

球员的行为意识，是影响高尔夫礼仪环境语传达实际效果的重要因素。任何高尔夫球员（无论是职业或业余），自觉遵守高尔夫规则的各项规定、强化对高尔夫精神理解与执行的自律性，是所有球员共同的责任。

1. 球员要正确认识和理解高尔夫运动的精神实质

"尊重他人、保护环境、诚信自律、恪守礼仪"是对高尔夫精神核心价值的提炼。球员只有真正认识高尔夫运动所倡导的精神实质，才能自觉地强化任何情况下行为意识的自律性。无论是否有其他球员或裁判员在场，球员都能以自身的行为自律，维护与环境的和谐，遵守规则所规定的行为规范。

2. 自律意识是球员文明素养的重要体现

当球员自律意识体现在球员的行为选择时，实际上是对球员文明素养的整体反映。因此，长期从事高尔夫运动，由于受到高尔夫精神的影响和环境的熏陶，球员的文明素养一定会达到全面的发展，尤其是在行为的自律性方面，会得到不断加强。

案例分析:

职业选手即使在室内也不脱帽的理由

高尔夫运动的职业选手,有的时候会出现有违礼仪和规则的行为举动,并且他们表现得很坦然淡定,毫无愧疚之感。这种行为的代表就是帽子。无论他们在大多数的表彰仪式上,还是室内的记者见面会上,都不会脱下帽子。

在我们的生活当中,当与人会面或握手时一般要应该脱下帽子,进入室内时也会摘下帽子,特别是我们都不太习惯在吃饭时戴着帽子。在很多家庭中,家长们都是以这样的方式教育孩子的。但是孩子们看到自己非常崇拜的高尔夫明星们为什么在室内还要戴着帽子做一些事情呢?为什么他们崇拜的高尔夫选手是这样做的呢?其实,高尔夫职业运动选手确实是有他们戴着帽子的理由的。

> **点评**
>
> 在竞技体育的社会氛围当中,即使是像高尔夫这样的绅士运动也会存在着不脱帽的这种违反礼仪规则,以及其本身运动文化的行为。伴随着经济以及高尔夫商业化的发展,这项运动本身已逐渐地具有商业色彩,这不但没有违反其本身的发展规律,反而在社会经济活动中充当着重要的角色。

一位职业高尔夫运动选手的经纪人是这样说明的:"对于我们的赞助商来说,最能达到我们宣传效果的就是帽子。一般情况下,占有很大宣传印象的是运动员的球包,但是赞助商们还是愿意把广告做在帽子上。因为相比之下,固定的广告宣传方式没有在移动中的选手们身上做广告更加吸引大家的眼球。比如说在日本,赞助商愿意花费近 1000 万日元作为高尔夫比赛选手帽子上的广告费(帽子的正面广告费用为 800 万日元,帽子的两侧为 200 万日元)。

ANA 公司与日本著名高尔夫运动员伊尺利光签订了协约,而 Tour Stage 公司也愿意花比 ANA 多 4 倍的赞助费去赞助伊尺利光。

由此看到,为什么高尔夫运动员无论在表彰仪式上,还是室内的记者见面会上都会戴着帽子。这虽然违反了高尔夫运动的规则与礼仪,但由于商业价值的介入,更赋予了这项运动独特的社会属性。

小结:高尔夫礼仪作为高尔夫文化整体发展的重要组成部分,其表现形式体现了文化创造的客观性与表现性的人文特征。本章从高尔夫文化的表现形式——

"文化符号"的创造，通过高尔夫礼仪的"体态语"、高尔夫礼仪的"客体语"和高尔夫礼仪的"环境语"三章内容，清晰地阐述了高尔夫礼仪表现形式的基本路径、基本内容与基本方法。

思考题：

1. 高尔夫礼仪体态语的概念。
2. 高尔夫礼仪体态语的特点与运用。
3. 高尔夫礼仪客体语的概念。
4. 高尔夫礼仪客体语的特点与运用。
5. 高尔夫礼仪环境语的概念。
6. 高尔夫礼仪环境语的特点与运用。

本章作者：吴亚初 李 康

第五章 高尔夫礼仪的表现方法
——文化结构的创造

内容提要： 文化是人类社会物质财富与精神财富的总和，是推进人类文明不断进步的强大动力。由于人类文化的表现方式的不同，因此，存在着文化结构分层现象，比如物质文化、精神文化、制度文化和行为文化等。这些不同层次的文化创造，充分反映了人类在不同社会层次与社会实践中的智慧与才能。高尔夫礼仪，作为高尔夫运动标志性的"文化符号"，在不同高尔夫运动实践中的表现与运用，具有不同环境和不同条件下的表现方式与表现特征。本章从高尔夫运动实践的礼仪行为表现方法、以高尔夫运动为背景的社会交往的礼仪行为表现方法，以及现代高尔夫企业服务过程中礼仪行为表现方法等，阐述高尔夫礼仪文化结构的分层现象。

关键词： 高尔夫运动实践；高尔夫社会交往；高尔夫企业服务。

第一节 高尔夫运动实践的礼仪行为表现

高尔夫运动实践，是指以高尔夫球场为承载体，以高尔夫运动技术的运用为核心，体现球员技能运用与水平发挥的全过程。在此过程中，包括职业高尔夫球员，以及各种不同身份的业余高尔夫球员两部分。而这两种不同性质高尔夫球员的行为表现，在《高尔夫球规则》的执行上并无两样，所不同的是以竞技比赛（包括职业和业余）为主题，以及以休闲娱乐为主题的两种不同性质的高尔夫运动实践。因此，在高尔夫礼仪行为表现方法也就存在着不同的表现特征。

一、高尔夫竞技中球员基本礼仪的行为表现

竞技是在公平、公正的条件下，参赛运动员按照竞赛规则和比赛规程的要求，进行运动技术和心理水平的角逐。虽然高尔夫比赛球员的竞争对象不是其他球员，而是运动员自己，但是在高尔夫球场上，球员在相同的球场、相同的环境

下进行比赛，公正、公平也是高尔夫比赛最基本的竞赛基础。因此，参赛球员（无论是职业比赛还是业余比赛）的行为表现，既要受到竞赛规则和竞赛规程的严格要求，更要靠球员的诚信与自律，真实地反映自己的技术水平与比赛成绩。所以，在参加高尔夫比赛时，作为球员在比赛中的行为表现，必须谨记以下事关球员礼仪行为的基本规则和要求。

（一）遵守比赛规程的各项规定

比赛规程是比赛主办方根据比赛目标所确立的事关比赛的各项规定，由于比赛的性质（职业、业余和青少年等）不同，比赛规程的内容也各不相同。但是，作为参赛的球员一定要熟知比赛规程的各项规定，并要着重了解以下几方面。

1. 比赛开始时间

遵守时间是高尔夫球场礼仪的重要体现，参赛球员应对比赛有关时间的安排，及时了解并予遵守，如比赛签到时间、练习时间、开球时间（包括业余比赛开球仪式的时间安排）等。

2. 比赛球场的"当地规则"

高尔夫球场"当地规则"，是《高尔夫球规则》赋予比赛举办场地根据球场的具体情况而制定的《高尔夫球规则》的补充内容。因此，比赛前认真阅读和了解比赛球场的"当地规则"是参赛球员的义务和责任。

3. 比赛的计分方法

比赛计分方法，是根据比赛方法（比杆赛、比洞赛或差点比赛等）所采用的反映球员比赛成绩的计分方式。弄清楚比赛计分方法，才能在比赛中运用好规则的相关条款，取得理想的比赛成绩。

4. 有关比赛的特殊规定

特殊规定是指比赛主办者根据拟定的比赛目标，所确立的有关规则以外的相关规定，比如对球员着装的要求（如要着赞助商的服装、帽子等）、球的使用（使用赞助商提供的球）以及比赛成绩的签名确认等。对于这些特殊规定的疏忽，球员的行为就可能违反特殊规定的要求，造成对比赛成绩的影响。

（二）谨记 14 支球杆规则

对于正式比赛（职业和业余），《高尔夫球规则》对参赛球员使用球杆的限制是十分明确的。球员自觉遵守《高尔夫球规则》关于 14 支球杆的规定，并主动声明多余的哪一支球杆不使用，这是反映球员诚信与自律意识的重要体现。

（三）恪守"在球的现状态下打球"的规则

"在球的现状态下打球"这是高尔夫运动所倡导的精神实质的核心，同时，也是反映球员诚信态度和自律意识的重要体现。无论何时，球员自觉遵守"在球的现状态下打球"的规定，是每一个参赛球员的义务与责任。球员一次违反"在球的现状态下打球"也许是件小事，但是，却会使自己在"诚信与自律"面前丢份。

（四）严格执行打"暂定球"与"球遗失"的规则

《高尔夫球规则》对"暂定球"和不同情况下"遗失球"的处理，有一套严谨的规则规定。正确处理"暂定球"和"遗失球"，不仅反映了规则"公平、公正"的竞赛精神，更是对任何一名高尔夫球员（无论是职业球员还是业余球员）诚信态度与自律意识和行为表现的"试金石"。球员是否按照"暂定球"和"遗失球"的规则规定打球，这不仅是球员行为选择正确与否的问题，更是反映球员文明素养与自律意识的修养问题。

（五）牢记"助言"的规则

在日常生活中，为他人进言相助是一种美德。而在高尔夫比赛中，由于"公平、公正"是高尔夫竞赛的最基本的基础，因此，"助言"在《高尔夫球规则》中是不允许的，如果球员的行为违反"助言"规则的相关规定，将被处罚。

（六）自觉保护球员的推击线

当球员在"球洞区"（果岭）上，踩踏了其他球员的推击线或从球员推击线上跨过，虽然《高尔夫球规则》没有直接处罚的相关规定，但是，高尔夫运动精神所反映的"尊重他人"，则是在保护球员推击线行为意识与球场礼仪上的重要体现。保护球员在球洞区上的推击线，还反映在球员不要站在球员推击线延长线上，避免由于自己的身影给球员推击球造成影响。因此，保护球员在球洞区上的"推击线"，是每一位球员的责任和义务，也是球员"尊重他人"行为意识和行为礼仪的重要体现。

（七）正确处理障碍区内的球

障碍区，是指高尔夫球场中的水障碍、沙坑等区域。规则对这些特殊的区域有不同的处理方式和要求。

1. 水障碍区（正面水障碍与侧面水障碍）

球员在比赛中对位于水障碍内的球的处理，既要根据《高尔夫球规则》的有关条款，也要遵照球场"当地规则"有关水障碍球的处理方法。因此，球员了解和掌握正确处理水障碍内的球，是运用好规则、争取理想成绩的有效办法。

2. 沙坑

当球在沙坑中时，球员必须遵守"不可移动妨碍物"的有关规定，以及规则中有关"沙坑中的球"的相关规定。自觉遵守规则对位于沙坑中的球的规定，是反映球员诚信态度与行为自律意识的重要体现。

球员参加高尔夫比赛（无论是职业比赛还是业余比赛），了解以上若干项内容仅仅是最基本的球场行为要求，要做到自觉维护高尔夫运动所倡导的精神，成为一名受人尊重的"高尔夫绅士"，还需要在更多领域不断锤炼自我，完善自身。

二、高尔夫休闲娱乐中球员基本礼仪的行为表现

高尔夫运动是当代风靡世界的休闲体育运动项目之一，也是不同年龄、不同社会阶层众多人们喜欢的户外休闲运动。因此，以休闲娱乐为目的的高尔夫运动，成为越来越多的人的首选。以休闲娱乐为目的的高尔夫运动，在运动过程中的高尔夫礼仪行为表现，乃是高尔夫文化社会传承的重要载体，概括起来讲，以休闲娱乐为目的的高尔夫运动，其球场礼仪的行为表现主要体现在以下方面。

（一）着装行为礼仪

1. 球场上的着装

高尔夫运动的着装礼仪行为表现，是高尔夫运动几百年来"约定俗成"的文化积淀。虽然《高尔夫球规则》并没有对运动员比赛和打球的着装做出规定，但是，这正是高尔夫运动特殊的文化特征。

通常情况下，在打球和参加比赛时，选择高尔夫运动服装应以舒适整洁为原则，无论男女球员都"约定俗成"地穿着有领子的运动 T 恤衫和休闲西裤，或男士穿西式短裤，女士穿高尔夫运动短裙。禁止球员穿圆领汗衫、吊带背心（女性）、牛仔系列服装，以及超短裙、过短短裤等服装上场比赛。而对于高尔夫球鞋，应当穿高尔夫专用的特制的胶钉运动鞋。

2. 出入高尔夫俱乐部会所

女士着装可以时装化，但不要穿着与周围环境产生巨大反差的服装，比如过于暴露和有伤大雅的服装。男士以休闲系列服装为首选，但不可以穿背心或裤衩、拖鞋等进入会所。无论男女，穿着不整齐和不检点的服装进入会所，对俱乐部和个人都是一种羞辱。

（二）对保护球场环境的行为礼仪

保护球场环境，是高尔夫运动精神的重要体现。球场环境，既包括高尔夫球场的自然环境，也包括高尔夫运动过程中的人文环境。

1. 高尔夫运动过程中对维护人文环境的礼仪行为

(1) 保持安静

高尔夫运动是一项需要球员高度集中精神的运动，任何响声都有可能影响击球质量，每个人在球场上都应尊重其他球员，在别人击球过程中，不应说话、谈笑、走动或整理、摆弄球包而发出响声。由于球员的行为造成与环境不相适应的响声，从而影响别人的击球和推杆，这是十分无礼的。

(2) 关闭手机

无论是球员打球还是观众观看比赛，均应将手机调整到震动或静音状态。永远不要因为自己的手机问题而造成对球员包括自己打球的"杂音"。因此，不要因自己的原因造成与周围环境不相适应的声音。

2. 对高尔夫球场自然环境与球场设施保护的行为礼仪

(1) 不在球道上随地吐痰、乱丢杂物

球场草坪是一个非常脆弱的自然环境，需要每一位球员从各个方面给予精心呵护。吸烟者一定要把烟蒂扔进垃圾桶或交给球童处理，不要随地乱扔。而对于其他废弃的杂物也要自觉地放进垃圾桶。

(2) 不随意造成对草坪的损坏

球员在行走或打球的过程中，应尽可能地避免造成对草坪的损坏。尤其是球员试挥杆时，不要随意用杆头击打草坪。当在长草区时，不要用不正当的手段击打球周围的长草以改善击球环境，这种行为不仅不符合高尔夫球场礼仪，也是规则所不允许的。

(3) 不随意造成球场植被和其他设施的损坏

球场中的各种植被与花卉，不仅是美化环境的需要，也是球场的基本"障碍"。对于球场中的各种植被与花卉，不仅要细心呵护，而且要尽可能地避免损坏。而对于球场中的一些排、给水设施，更是需要人人保护。

（三）球场上的安全行为礼仪

安全，在高尔夫运动中是非常重要的。对安全的重要性的认识在《高尔夫球规则》中列在开篇的重要位置。尤论是在高尔夫球场还是在练习场之中，安全问题始终是高尔夫运动最重要的核心问题。因此，高尔夫运动过程安全行为的礼仪表现也就显得十分重要。

1. 远离他人做挥杆练习

在任何时候与任何地点，球员在做挥杆练习时，一定要选择在没有人停留或经过的地点进行。而当别人做挥杆练习时，也不要由其身边走过。

2. 善用警示用语

球员在确认击球周围不会对他人造成危险时再挥杆。击球后发现球的飞行方向有偏差，可能会击中别人时，应立即高声喊叫发出警示用语："看球！"

3. 在树林、障碍物附近击球时应注意安全

球员在树林、障碍物附近击球时，由于击球位置和击球方向都不理想，往往难以控制球的飞行方向。因此，击球之前一定要预告同组比赛的球员，以免发生伤害事故。

4. 当看不见比赛者时

当球员在树林、斜坡下或者非正常的击球位置准备击球时，如果看不到同组球员的位置，应先确认同组球员所在的位置在哪里，在得到对方的回应之后再击球，以免飞行的球击中球员。

5. 避免在球场敏感区域走动

不同类型的高尔夫球场都会有一些复杂敏感的区域，球员应避免出入那些存在安全隐患，甚至标有安全警示标志的区域，不要在斜坡上走动，不可沿着沙坑边际的斜面行走。千万不要贪图方便选择捷径，一定要选择平坦的地方行走。

6. 不要在练习果岭边做切球练习

不要在专门用作推杆练习的"果岭"周围做切杆练习，以免失误击中其他人员，这也是出于对球场保护的需求。

（四）打球速度应当遵守的礼仪

"打球速度"《高尔夫球规则》中有明确的规定，即便是在以休闲娱乐为目的的高尔夫运动中，球员也应当自觉遵守这项规定，这也是高尔夫运动精神所倡导的"尊重他人"的重要体现。

1. 自觉控制打球速度

球员打球或参加比赛时，应当自觉遵守每一次和每一洞打球的时间规定，当

前面一组走出击球射程范围之后，应迅速击球。击球缓慢不但给同伴造成影响，也会给俱乐部（球场）的正常运作造成麻烦。

2. 用心观看同组球员击球

当同组球员击球时，用心观看其击球，不仅是对别人的尊重，也是帮助球员看球的落点、减少遗失球、节省同组球员打球时间的有效办法。有时由于阳光照射或其他原因，球员不能看到击球落点，在得到同组球员的帮助之后，他会十分感谢。

3. 打球之前应做好准备

每次击球之前，都要做好准备，这样可以节省时间，避免击球"延时"。如果等到轮到球员击球时再选择球杆、换球或看线等，必然会造成击球速度的延缓，给同组和后续组球员造成影响。

4. 让准备好的球员打球

如果不是参加比赛或其他正式场合，让准备好的球员先打球有助于加快打球速度。但是，击球之前必须是同组球员所有人都知道你将要击球，避免彼此之间相互干扰和影响。

5. 不把球场当"练习场"

如果打球失误（正式比赛除外），假如后面没有其他组球员跟进，再多打一颗球作为练习并无大碍。但是，当后面有后续组跟进时，就不能再"多打一颗球"了。除非是打球出界（OB），按照规则的规定多打一颗球，其他情况不能把球场当作练习场。

6. 进入树林（长草）应多带两支球杆

球进入树林时，可能有多种不同的状况，为了节省时间，球员应当多带两支球杆，除了可以帮助你有更多的选择外，也可以让你更从容地解决问题。千万不要空手来到球的落点而等待球童为你选择球杆，这样徒然浪费时间。

7. 按照规则规定寻找球

《高尔夫球规则》规定，寻找球最多只能用 5 分钟，如果球员认为需要 5 分

钟寻找球，而后面有另一组球员在等候，就应当让后续组先行通过。这是高尔夫球场礼仪的最基本体现。

（五）在球场中不同区域的行为礼仪

在高尔夫球场的不同区域，由于区域位置的功能与规则要求不同，因此，球员在不同区域的行为礼仪也各有不同的侧重。

1. 发球区

（1）正确使用发球区

正确使用发球区不仅是一种对打球技术水平的客观定位，也是尊重他人的一种礼仪与礼貌的行为表现。有些业余球员认为自己球打得好，要在职业球员使用的发球台打球，这种"孤傲"与"逞强"的行为是不可取的，也是俱乐部球场管理禁止的。

（2）正确使用优先击球权

对于非正式比赛的打球活动，同组球员可以采取抽签、抛 Tee 等各种方式确定开球顺序。下一洞时将按照成绩和分数，依次取得优先击球权。

（3）开球之前做好准备

按照开球顺序轮到自己开球时才做准备，不仅会延误时间，也会对自己的状态产生不利的影响。因此，开球之前做好准备（比如：多准备两颗球、不同长度的球 Tee、手套等）是一种对他人和对自己负责的文明行为。

（4）选择正确的观察位置并保持安静

选择正确的站位，是对别人尊重的具体表现。试想如果在你的视野范围之内，你看到了别人的身影，你一定会感到不悦，别人亦然。当别人准备开球时，你选择正确的站位，并确保自己在静止状态下观察别人打球，不产生不和谐的"噪音"，是发球区最基本的礼仪。

（5）要及时给予球员鼓励

适当赞美别人是一种美德，也是高尔夫礼仪的基本要求。当别人打出好球时，及时予以赞美；当别人打球失误时及时予以鼓励，都是体现良好文明素养和高尔夫球场礼仪的积极方式。当你脱口而出"好球！""漂亮！""没关系，加油！"等词语时，别人不仅会感激你，而你也会因为自己言行的礼貌而感到欣慰。

（6）及时捡起球 Tee 或打断的球 Tee

球员击球后及时捡起球 Tee 和被打断的球 Tee，既是一种良好的打球习惯，也是一种尊重他人、保护环境的高尔夫礼仪的基本表现。不要小看弯腰捡起被打断的球 Tee，并及时扔进垃圾桶内是件小事，它能反映出球员良好的文明素养。因此，不要吝啬自己弯腰捡起杂物的举手之劳，它会使我们变得更加受人尊重。

2. 球洞区通道（球道）

（1）恪守自律，不因为不利的击球位置而作弊

恪守自律是高尔夫礼仪的重要基础。因此，球员应当自觉遵守"在球的现状下打球"的规则规定。打球作弊可能不会对别人造成直接的影响，但选择作弊行为会使人鄙视。

（2）对于不能打之球要按照规则规定补救

无论是因为可移动妨碍物所造成的不能打之球，还是因为不可移动妨碍物造成的不能打之球，球员均应按照规则对"异常情况的补救"和"宣布不能打之球的补救"等相应规则的规定来补救。球员不能唯我独尊，我行我素想怎么打就怎么打，这种行为既损害了别人的利益，也会造成对自身形象的损害。

（3）及时修复打痕、球痕和鞋钉造成的损坏

球员应当有一种良好的意识，即修复任何由自己造成的打痕和对草坪的损害，这不仅是球童的责任，更是自己的义务。在球道击球时应把削起的草皮放回原位用鞋踩踏平整，如找不到草皮时，要用沙填补该痕迹，这既是一种保护球场环境的行为，也是体现为每一位球员下次击球着想的良好行为意识。

（4）避免不必要的对草坪的损伤

球员无论是在行走之中，还是准备击球前的挥杆练习时，都要小心自己的行走与挥杆不要损伤草坪。那种因为对自己的打球质量不好而用杆头击打草坪出气的做法，是最愚蠢和最无礼的行为。

（5）自觉遵守在现状下打球，不改变球位现状

无论是正式比赛，还是其他打球活动，球员都应当自觉遵守现状态下打球的规定。那种趁别人不注意，故意改变自己球位的做法，不仅违反了高尔夫礼仪，也是要受到《高尔夫球规则》处罚的。

3. 障碍区

(1) 注意安全

无论是"水障碍区"还是"沙坑"或其他敏感性地区，时刻注意安全，不仅是球场管理的基本要求，也是自我安全意识的需要。球员不要随意走进或不顾球童劝阻到球场的敏感区域寻找球，或者在一些具有安全隐患的敏感区域内打球。

(2) 进入沙坑时要选择正确的路径

当球在沙坑内时，球员应当选择从距离球的位置最近点进入沙坑，不要不顾一切地在沙坑中行走，以免造成对其他球员可能在沙坑中击球的不利影响。因此，尊重别人，应当从一点一滴的小事做起。

(3) 不随意造成沙坑边际草坪的损坏

沙坑边际的草坪，既是球道一部分，也是保护沙坑内的沙子不流失，以及沙坑美化需要的重要基础。球员应当像保护球道草坪一样，细心呵护沙坑边际草坪不受到损坏。当进入沙坑或在沙坑内击球时，都要注意沙坑边际的草坪不受损坏。

(4) 保证在周围没有人站立的情况下再击打沙坑内的球

球员一定要在沙坑周围没有人员站立的情况下，再完成沙坑内的击球，特别是在球洞区（果岭）周围的沙坑击球时，要格外小心避免沙坑内击球伤人。避免因自己的行为造成对他人的伤害，是高尔夫礼仪最基本的要求，也是体现个人文明素养的基本标准。

(5) 及时平沙和修复打痕及脚印

及时平沙和修复打痕及脚印，是"为他人着想"的最基本的球场礼仪。也许在很多情况下平沙和修复打痕及脚印属于球童的工作职责，但是当我们对球童的劳动道一声"谢谢!"时，这是一种平凡而又高尚的文明行为，相信球童也会为你的文明素养而更加尊重你。

4. 球洞区（果岭）

(1) 规范遵守球位标示的程序

当球在果岭上时，球员必须履行果岭球位标示的程序规定，即在球静止停留在果岭上之后，在球位远离球洞的一侧先放置标志，再拿起球，否则球员将受到处罚。此过程中，球员可以请球童代劳，但应当严格遵守球洞区规则。

(2) 不踩踏别人的推击线

在果岭上，球员的推击线要受到尊重与保护，不经意地踩踏别人的推击线，是一种极不礼貌的行为，是对其他球员的冒犯。当球员要观察自己的推击线时，一定要从其他球员球位的后方绕过，不要走捷径跨越和踩踏别人的推击线。

(3) 选择正确的站位和站姿

规则规定，当球员准备推击球时，其他球员应当在果岭以外的地点（但不在球员推击线的延长线上）站位，同时，要保持绝对的安静，不要做出任何声响。当在球洞区上时，球员不仅要注意选择正确的站立位置，还要注意站姿。不要一手支撑推杆，一脚脚尖触及果岭站立，这种行为既容易损伤果岭又不雅观。

(4) 测试推击线时不要用手触及推击线

在球洞区上禁止以任何方式（通过抚摸、刮擦或滚动球）来检验、测试果岭表面。当球员标定球的位置之后，将球滚给球童擦拭球，或用在抛的过程中球落在果岭上滚动，或用手抚摸果岭表面，都是规则所不允许的，要被加罚 2 杆。

(5) 推击入洞后应礼貌地等候其他球员

在球洞区上，已经推击入洞的球员，应静候同组其他球员推击入洞后，再同时一起离开球洞区，这是高尔夫运动基本礼仪规范。当你推击入洞后就离开了球洞区，实际上是对其他没有完成推击球的球员的不尊重和不重视的没有礼貌的表现。

(6) 不要在球洞区上练习推杆

任何一洞当球员推击球进洞后，即已经结束了该洞的比赛，有些球员在此之后还要在果岭上再推一两次，甚至更多次作为练习。虽然这种行为没有违反规则，但是在客观上造成了对后续跟进组的延误，影响到了后组球员的击球，是极为不礼貌的做法。因此，当同组球员全部结束推杆后，应迅速离开球洞区，走向下一个发球台。

第二节　高尔夫运动社会交往中的礼仪行为表现

在人类文明进步与社会发展进程中，人与人的社会交往是人类的社会属性所决定的。以高尔夫运动作为社会交往的平台，是现代人社会交往中越来越受推崇的社交方式。由于高尔夫运动环境和运动方式的特殊性，使之成为最适合人们在平缓、惬意、休闲、娱乐的环境中，实现人与人之间社交心理诉求的交际方式。

因此，以高尔夫运动为背景的各种社交活动，成为当代社交的社会时尚。

一、高尔夫运动社会交往的类别与特点

早在中世纪的欧洲，高尔夫运动就有"田园社交"的美誉。随着社会的发展，高尔夫运动不仅成为当今风靡世界的户外体育运动，更是成为越来越多的喜欢户外休闲运动人们的首选。因此，高尔夫运动的社交功能也就越来越受到人们的青睐，而以高尔夫运动为主题的社交活动更是层出不穷。

（一）以高尔夫运动为主题的社交活动类别

以高尔夫运动为主题的社交活动，通常是以高尔夫比赛作为社交活动的组织形式，并以此形成与其他社交活动相互结合。

1. 高尔夫俱乐部会员联谊比赛（例赛）

高尔夫俱乐部会员联谊比赛（例赛），是高尔夫俱乐部专门为会员定期组织的以满足会员社交活动需要的赛事活动。满足高尔夫俱乐部会员社交活动的诉求，是高尔夫俱乐部的最为显著的功能体现，而以高尔夫比赛为主题的会员联谊社交活动，又是各类高尔夫俱乐部最普遍的组织形式。

2. 企业行为的高尔夫邀请赛

由企业组织的高尔夫邀请赛，往往是某一企业为答谢贸易伙伴和社会各界对企业的支持，通过组织高尔夫比赛，邀请企业相关领域的嘉宾和客户"以球会友"，达到联络感情、增进友谊、共促发展的目的。

3. 社团行为的高尔夫邀请赛

由社会团体组织（如各种行业协会）高尔夫邀请赛，是行业协会联络行业内部企业情感、增进行业内部的凝聚力、实现企业经济发展，通过组织高尔夫邀请赛的方式，建立一个大家社会交流的平台。而由各级高尔夫球协会组织的邀请赛，通常是社会各界的名人，通过组织高尔夫赛事，搭建的社会交流平台。

4. 企业或个人邀请的商务宾客

由企业或个人邀请的商务宾客，通常是企业或个人出于商务往来的需要，以打高尔夫球作为业务洽谈和商务联系的社交平台。通过邀请商务宾客打高尔夫球，达到商务往来、增进了解、拓展业务开展的谈判目的，这是目前许多企业和个人经常采取的社交手段。

5. 朋友邀请的打球活动

由朋友相邀打高尔夫球，通常是一些志同道合、喜欢高尔夫的球友，通过定期或不定期的邀请相聚在高尔夫球场，大家相互切磋球技，增进友谊，共享高尔夫运动的乐趣与魅力。这是一种都市白领阶层，通过高尔夫运动的休闲娱乐，达到促进社会交往和丰富业余生活的目的。

（二）以高尔夫运动为主题的社交活动的特点

高尔夫具有运动节奏舒缓，一次运动持续时间长，便于参与者之间语言交流与情感沟通等特点。因此，当以高尔夫运动为主题，进行相关社交活动时，对参与者来讲既能保证高尔夫运动本身的生物特点，又能兼顾球友（宾主）之间相互交流对时间的需求。概括起来说，以高尔夫运动为主题的社交活动，主要有以下特点。

1. 社交活动主题突出

社会交往，是人类最基本的社会属性。在人们相互交流与沟通的特定的社会环境中，往往是以彼此之间所共有的社会职业与社会活动等，作为彼此之间相互交往的基础，或社交路径。当人们以高尔夫运动作为社交活动的主题时，参与这种特定方式社交活动者，首先是高尔夫球友，或者是具有一定高尔夫运动技能的社会个体。只有具备一定的高尔夫运动技能，人们才能找到以高尔夫运动为社交背景环境中的、彼此之间的交流价值取向和目的。

2. 社交方式休闲性强

高尔夫运动既有以竞技方法为目标的运动方式，也有以休闲娱乐为手段的生物体验。因此，以高尔夫运动为主题的社交活动，可以根据参与者的不同需求，选择不同的打球方式。由于社交活动往往需要在彼此之间相对和谐、惬意的氛围中寻求通过交际要达到的目的，因此，高尔夫运动的娱乐与休闲的运动特点，为以高尔夫为背景的社交活动确立了休闲、和谐、惬意的社交氛围与人文环境。

3. 社交组织社会层次高端

由于高尔夫运动特殊的运动环境，以及对场地面积的要求，使得这项运动具有典型的"小众群体"的运动特点。因此，当人们选择以高尔夫运动为主题的社交活动时，参与者无论是在社会职业、财富积累、社会地位等方面，都具有高端社会阶层的特质。而处于社会高端领域的人们，对社交活动的选择，也往往是在小规模社交范围，以私密性较强的社交方式，达到相互交往与沟通的社交目的。所以，以高尔夫运动为背景的社交活动，具有社会层次高端的特点。

4. 社交时间一次活动持续时间较长

通常情况下，打完 18 洞的高尔夫球，一般需要 4 小时 15 分钟，甚至更长。这与其他社交方式（如晚餐、酒会、舞会等）相比，具有持续时间长、彼此之间交流的时间从容、关注点统一的特点。因此，高尔夫社交活动素有"谈判的最佳选择"之称。

二、高尔夫主题社交活动的礼仪行为原则

社会交际是人们社会活动的重要内容，而通常情况下不同的社交活动又是以某一主题作为社交活动的平台。以高尔夫为主题的社交活动，虽然是以高尔夫运动为社交手段，但也体现了由高尔夫运动而延伸出的附加目的。比如人们经常戏说的"办公室里谈高尔夫，球场里谈生意"就是对高尔夫商务作用的最好解释。因此，以高尔夫为主题的社交活动，对参与者的行为规范要求应当体现以下内容。

（一）以高尔夫精神为指导

"尊重他人，保护环境，诚信自律，恪守礼仪"，是对高尔夫运动所倡导的精神实质的最好诠释。如果把倡导的这种精神与人们其他领域的社会活动进行比较，其价值取向存在着很大的一致性与关联性。这也是人们，尤其是许多具有一

定社会地位和在事业上取得成功的人们，把高尔夫作为自己生活中的一部分的主要动因。

高尔夫精神是指导任何高尔夫运动实践的核心内容，也是以高尔夫运动为主题的社交活动理应遵守的行为规范。我们经常听到许多商务人士讲"球品如人品"，可见如果不以高尔夫运动精神指导高尔夫运动实践，那么不仅违背了高尔夫运动精神，也是高尔夫社交活动的礼仪规范所不能接受的。

（二）以《高尔夫球规则》为准则

《高尔夫球规则》是指导高尔夫运动行为规范的典籍，是对各种高尔夫运动实践行为评判的依据。无论是职业高尔夫运动比赛，还是业余高尔夫运动的休闲娱乐，遵守《高尔夫球规则》并在其行为准则的约束之下，是完成不同性质、不同目的高尔夫运动实践的重要基础和基本保障。

在众多以高尔夫运动为主题的社交活动中，遵守《高尔夫球规则》既是高尔夫运动的竞技基础，也是实现以高尔夫为主题的社交活动理应遵守的行为保障。虽然有些以高尔夫为主题的社交活动不一定严格遵守《高尔夫球规则》，但是，自觉遵守《高尔夫球规则》，以诚信自律的行为意识与他人相处和交流，会使自身的人文素养与良好的行为习惯得到他人的认同。当然，一些相对轻松的朋友间打球邀请的社交活动，人们在遵守《高尔夫球规则》的基础上还会"自定"一些更加严格的"游戏规定"。这些"游戏规定"不仅使打球的过程更加有趣和丰富，还会增强社交活动本身的附加值。

（三）以营造融洽的社交环境为核心

在众多的社交活动中，社交主题往往与环境、与气氛的营造密切相关。比如社交酒会，必须有"酒"的主题内容，而社交舞会，则离不开高雅的音乐等。这些不同主题的社交活动，只有突出鲜明的社交主题，才能营造出符合社交活动参与者对社交氛围的情感诉求。因此，在以高尔夫为主题社交活动的组织过程中，营造融洽、和谐、愉快的社交环境，是高尔夫社交活动的核心目的。以下是以商务谈判为目的的高尔夫社交活动的举例。

例1. 新朋友：和谐为主，重在感情投入

初次见面的商务谈判，彼此之间互不了解，在邀请客人打球的过程中，要努力创造一个轻松愉快的和谐环境。要通过真诚的交流得到对方的信任，不要让客人感觉到打球之外的负担与压力。如果刚打了第一个洞你就提出"王总您看我们的协议什么时候签呀？"这种情况势必造成客人的内心不悦。在高尔夫球场，是要与客人找到彼此共同的话题，或对高尔夫运动中的某一个话题产生共鸣，这是最关键的。

例2. 老朋友：循循善诱，重在发展

对于老朋友和老相识，大家彼此相互了解，有了一定的感情基础，说起话来就可以相对随便一些。即便如此，当"在球场谈生意"之时，也要慎重利用这种"良好的朋友关系"。生意场上，利益是第一位的，朋友关系只是在需要时方可起到一点"添加剂"的作用。因此，与老朋友、老客户的球场交流，更要注重长远的合作与发展目标。从相约球场，到打球的全过程，要善于营造由客户主动提出下一步合作或长期合作的类似话题。

例3. 合作伙伴加球友：竞技加调侃，重在娱乐

当与客户之间已形成一种既是合作者又是趣味相投的球友（彼此相处时间较长）时，大家相约球场的目的可能就成为一种生活情趣与生活习惯，而没有太多的附加内容了。这种情况，球场上的核心应当突出娱乐，而商务适宜则不需要刻意地放在球场上谈了。在大家打完球之后在轻松愉快的气氛中回味打球的乐趣与愉悦时，再谈起要谈的生意话题，也许更有针对性，注意力会更加集中。

（四）以促成社交活动的目的为根本

人们常把高尔夫运动寓意为"社交工具"，这种认识充分说明高尔夫运动的特殊环境与运动方式，是一种不可替代的"田园社交"的社会交际平台。因此，作为一种"社交工具"，组织或邀请相关人士参加高尔夫活动的目的，并非高尔夫运动本身，而是以高尔夫运动作为通向某一社交目的的"路径"。因此，以高尔夫为主题的社交活动的最终目的，是实现参与者在"商务社交""情感沟通""会员联谊"和"朋友聚会"等不同目标的附加值。

比如当我们以商务往来的谈判为目的邀请客人打球时，对高尔夫球场的选择也许是常常影响谈判质量的潜在因素。当我们所邀请的客人总是不断地将球打进水塘丢失而成绩一团糟时，那么他的情绪不可能没有波动。而这种因打球成绩所造成的情绪波动，恐怕也是邀请方不乐意看到的。以下是几个不同的举例。

例1. 选择球场：以营造宾主的和谐气氛为核心

邀请客人打球，应首先听取客人的意见，避免出现客人对某一球场避讳的尴尬。如果客人没有专门的要求，则应选择在球场难度相对较低，容易打出好成绩的球场，且球场的环境与配套设置也相对较好。当然，如果客人今天打出了最好的成绩，即便是球场的其他服务设施不理想，也不会影响他愉悦的心情。因为，经常打球的球友，没有比打出最好成绩更开心的事情了。

例2. 时时调节：让客人摆脱球场难度的阴影

有时候，球场的难易度是我们无法回避而客观存在事实。比如某一地区就一个球场，没有选择余地，或者该球场是客人提出要打的球场。遇到这种情况也不能有"杯弓蛇影"心理，只要我们时时调节与客人打球过程中的和谐气氛，就能使因球场难度大所造成的阴影被化解。比如恰如其分地运用赞美之词，也许可以转化客人怕打不好的心理压力。生活在社会上的每一个人，不论是伟人还是平凡人，只要不是诋毁人格，没有一个人不喜欢听赞美的话而喜欢听批评的话的。当听到别人赞美时，尽管知道不一定是真实的，但被赞美者心里也一定是美滋滋的，因为赞美总比批评好，至少不是恶感。因此，他也一定会增强打好球的自信。

例3. 善用迁移：及时转化"尴尬"

打球中，时时会发生一些令人尴尬的场景，尤其是在被邀请的客人打球发挥失常的情况下，要善于运用情景迁移的方法，及时转化尴尬的场面。比如当自己不小心将球打下水之后客人也打下水时，"哦！不好意思，都怪我没有带好头。"这种调侃和自嘲，也许能及时化解宾主打球过程中的尴尬，使打球时时充满笑声与欢乐。

小结：高尔夫礼仪在不同高尔夫运动实践中的表现与运用，具有不同环境和不同条件下的表现方式与表现特征。本章从高尔夫运动实践的礼仪行为表现、高尔夫运动社会交往中的礼仪行为表现，分别介绍了在不同活动背景和活动主题中高尔夫礼仪的行为表现。其中在第一节着重介绍了高尔夫竞技比赛中球员的基本礼仪行为表现和高尔夫休闲娱乐中球员基本礼仪行为表现；在第二节中介绍了高尔夫运动社会交往的类别与特点、高尔夫主题社交活动的礼仪行为原则，以及高尔夫主题社交活动组织与礼仪规范。通过本章内容的介绍，使大家能够对高尔夫运动在不同环境和不同背景下主题活动的礼仪行为表现有一个清晰的认识和了解。

思考题：

1. 高尔夫竞技中球员的基本礼仪行为表现。
2. 高尔夫休闲娱乐中球员的基本礼仪行为表现。
3. 高尔夫主题社交活动的礼仪行为原则。
4. 高尔夫主题社交活动组织与礼仪规范。

本章作者：李勇勤　谢培山

第六章　高尔夫礼仪的表现意义
——文化价值的创造

内容提要： 高尔夫礼仪是高尔夫文化的最重要体现，也是这项运动几百年社会发展与历史传承中经久不衰的核心价值。从一项运动的基本功能来讲，高尔夫运动同其他竞技运动一样，是一种感知生物体验的竞技过程。但是体验与感知高尔夫运动的竞技过程，不仅仅是运动的基本形式与方法，还包括高尔夫运动所特有的文化价值。高尔夫礼仪对参与者来讲具有深刻文化影响作用。本章从高尔夫礼仪对个体自我完善的文化价值和高尔夫礼仪对发展人际关系的文化价值，以及对树立社会公共意识的文化价值三个领域，阐述高尔夫礼仪的文化价值。

关键词： 高尔夫礼仪；文化价值；社会个体；自我完善；人际关系；公共意识。

第一节　高尔夫礼仪对个体自我完善的文化价值

在人类文明发展的演进过程中，教育的功能与环境的影响，对社会个体的成长起着至关重要的作用。社会个体在社会环境的影响下，通过学习掌握了认识和判别社会事物、社会标准的能力，而通过这种能力的社会实践过程，社会个体才能成为一个具有社会化地、独立地参加社会生活的生物个体。

高尔夫礼仪，是人类社会实践在特定领域中表现一定文化倾向和价值的义化创造。几百年来，人们在高尔夫运动过程中，对高尔夫礼仪的正确认识与自觉地维护和运用，铸成了高尔夫礼仪特有的文化价值。这种文化价值不仅固化了高尔夫运动的文化基础，也历练和改造了每一个参与高尔夫运动的爱好者的行为意识与行为方法。概括起来讲，高尔夫礼仪对社会个体自我完善的文化价值，主要体现在以下方面。

一、对个体社会属性的教化作用

人的一生在教育功能的作用及社会环境的影响下，通过与他人交往，学习并掌握了所在社会的规范，逐渐形成了与社会一致的又有自己特色的社会态度、价值观、信念、行为模式及人格特征，成为社会的积极成员。

高尔夫文化所倡导的礼仪规范与行为准则，作为高尔夫运动精神的核心价值，对参与高尔夫运动的人们具有积极的社会教化作用，这些社会教化作用主要体现在以下方面。

（一）强化了尊重他人的社会意识

尊重他人是人们参与各种社会活动最基本的文明意识和行为规范。高尔夫运动由于其特殊的运动方式，尊重他人也就成为高尔夫运动所倡导的精神实质。《高尔夫球规则》在其第一章"礼仪，球场上的行为举止"中，就明确将尊重他人作为高尔夫运动重要的行为规范。

例如：当同组球员准备开球时，应当保持静止的站姿，不发出任何声响，避免造成对球员开球时的影响；当球员在沙坑击球后，应尽快平沙，避免造成对后续打球球员的影响。

在《高尔夫球规则》对参与者行为规范的约束下，人们逐渐形成了尊重他人的行为意识，在高尔夫运动的不同环境、不同区域等，都能自觉表现出尊重他人的行为规范。在《高尔夫球规则》潜移默化的作用下，人们也会将尊重他人的运动意识和行为习惯迁移到社会活动的其他方面，形成尊重他人的社会意识。

（二）提升了文明行为的自觉意识

人身处在不同的社会环境，都有自觉维护社会环境秩序的义务和责任。而维护社会环境秩序最有效也是最积极的方法，就是每一个社会成员都能自觉地以自身的文明习惯，表现出应有的文明风范。《高尔夫球规则》将"保护环境"作为高尔夫运动精神的核心内容之一。保护环境不仅仅是体现在高尔夫运动过程中人与自然环境之间的关系，也反映在人与人相处所形成的各种人文环境。

例如：当球员身处高尔夫俱乐部会所时会放低讲话声音，避免对周围环境造成影响；而不少球员在球道上抽烟后把烟蒂扔进发球台上的垃圾箱，并未随手扔在球道上，这种看似很小的事情，实际上反映了球员文明意识支配下的正确行为选择。

经常参与或接触高尔夫运动，人们会在《高尔夫球规则》的影响下，自觉维护和遵守"保护环境"的行为规范，并且能产生个体行为意识的内化结果，形成良好的社会文明意识，并在其他社会活动中表现出符合不同环境需求的文明意识与行为习惯。

（三）历练了与人交流的文明习惯

人是具有社会化功能的生物个体，与人交流是人的社会属性的需求，也是生物本能的体现。在与人交往的过程中，人不仅需要得到人们的尊重（包括自尊）与社会的认可，而且需要学习与掌握与人交流的各种规范（即文明习惯），才能感受到与人交流的社会意义和个体价值。无论是早期高尔夫运动的启蒙，还是当代高尔夫运动社会发展的延伸，社交始终是高尔夫运动功能的重要体现。比如早期高尔夫运动作为上流社会的"田园社交"，启蒙了"高尔夫球友会"（早期高尔夫俱乐部的雏形）。而随着现代文明的进步，以及社会贸易往来的社会发展，"高尔夫商务"的社交活动成为现代社交活动的重要载体。人们在高尔夫运动的实践中，逐渐形成了高尔夫运动特有的礼仪文明方式，并通过高尔夫球员的社会实践不断延伸到其他交际活动中。

例如：人们在每次打球或比赛前的彼此祝愿，以及最后一洞结束后，同组球员相互脱帽握手祝贺；在运用"球场优先通过权"中，球员彼此相互问候和致谢；将球打到其他球道对他人造成影响后的球员致歉等等，这些高尔夫运动约定俗成的礼仪规范和行为意识，也会使球员形成潜移默化的文明习惯，并延伸和运用到其他社会交际的活动中。

二、对个体行为意识的自律作用

意识是人所特有的一种对客观现实的心理反映形式。当我们身处不同环境中时，周围的客观环境会对大脑思维产生符合客观存在的心理反应，这种心理反应就是我们所说的意识。而我们对周围环境所表现出的各种行为（或行为选择），正是在意识的支配和作用下所产生的。

高尔夫礼仪，是一定社会群体在漫长的高尔夫运动实践中，以一定的、约定俗成的行为方式来表现律己敬人的手段和过程。任何一名高尔夫球员和高尔夫爱好者，只有自觉遵守和维护高尔夫精神所倡导的"尊重他人、保护环境、诚信自律、恪守礼仪"，才能在这项运动过程中真正体验和感受到它的魅力。因此，从个体的自我完善而言，高尔夫礼仪对个体行为的自律意识所产生的作用，主要体现在以下方面。

(一) 高尔夫运动的群体意识对个体行为的约束

群体意识是一定群体为了适应在某种社会实践中的需要，维持群体在其在该实践中的社会关系和利益，对群体共同具有的信仰、价值观念和规范准则等所表现出的社会反映。处于群体中的个体，其行为选择与表现往往会受到群体意识的制导和影响，进而产生符合群体信仰、价值观念、行为规范和准则的个体表现。高尔夫礼仪，是人们在长期的高尔夫运动实践中，所形成的对参与者既有一定的约束性，又有行为引导作用的规范。因此，高尔夫礼仪作为高尔夫运动标志性的"文化符号"，对参与者具有明确的价值倾向的制导作用和行为规范的约束性。

比如：《高尔夫球规则》中并没有对球员的着装做出明确的规定，但是，无论是早期人们打高尔夫球时的着装礼仪，还是现代高尔夫运动对着装行为的选择，以及俱乐部作为企业运营对球员的着装要求，人们都能很自觉地维护高尔夫运动的着装礼仪规范，即上衣应穿带有领子的运动 polo 衫，裤子不可以穿牛仔裤（牛仔布料）。这种行为规范实际上是高尔夫群体意识的作用，对每一个球员形成了行为的约束力。

因此，长期从事高尔夫运动，对人的个体行为表现会产生服从于群体意识的行为效果，对培养球员良好的个体行为具有积极的引导和约束作用。

(二) 促进个体良好行为习惯的形成

行为是指人在主客观因素影响下而产生的外部活动。行为习惯，简单地说是指积久养成的生活方式，具有自动化的行为方式，也包括思维、情感等内容。人的行为习惯受家庭、教育与社会环境等诸多因素的影响，在长期的社会实践与不同的生活方式中逐渐形成了具有个性的行为习惯。良好的行为习惯，可以使社会个体的自我完善得到优化与提升；而不良的行为习惯，则往往会成为影响个体身心健康的痼疾。然而，人们良好行为习惯的培养，需要行为意识的自律，无论环境如何变化，都能体现良好的、自觉的行为表现。

在高尔夫运动过程中，参与者由于受到《高尔夫球规则》和约定俗成的群体意识的影响与约束，无论是主观意识还是客观环境，都能使参与者摒弃不良的行为习惯，而逐渐形成符合高尔夫运动精神的行为表现。而这种行为习惯的养成，对个体在其他生活领域的行为习惯都会产生正迁移的作用。

比如：在发球台上，同组球员准备发球，此时，其他球员应保持静止站姿，且自己的身影不能投射在球员开球的视线内，这种行为规范会对球员在社会其他活动中也能表现出对他人尊重的行为习惯。

（三）有助于增强良好行为习惯的自觉性

良好的行为习惯是文明素养不断积累的结果，是在行为意识的作用下所表现出的自觉行动。高尔夫礼仪是一种受西方传统文化价值取向的影响，且在历史发展的不同阶段又进一步融入了不同时期的人文元素，使其能够在几百年的历史传承中始终与不同时期社会主流文化的价值取向"一脉相承"。高尔夫运动所倡导的精神，成为社会个体（泛指高尔夫球员）文明修养与文明意识转化为文明行为结果的行为指南。因此，长时间从事高尔夫运动，或接触高尔夫运动的相关活动，可以使人的良好行为习惯得到增强，并形成对其他社会活动具有"意识制导"作用的行为结果。

例如："为他人着想"是高尔夫球场礼仪的基本要求，球员在球场上的不同区域应时刻注意自身的行为不能影响到同组和后续组球员的打球。这种来自于规则的要求，对球员的行为习惯不仅具有特定环境下的约束作用，也会对球员其他方面的行为意识产生惯性力，促进球员良好行为习惯自觉意识的形成。

三、对个体行为方法的示范作用

孔子曰："三人行，必有我师焉，择其善者而从之，其不善者而改之。"在人与人的社会交往过程中，无论是彼此的行为方式还是行为结果，总会对周围的人产生一定的影响。而高尔夫作为一种特定环境下的户外运动，参与者在高尔夫文化氛围的影响与行为制导作用下，球员之间往往也会因高尔夫运动方法，以及参与运动的球员个体行为的示范作用，对自身的行为规范产生积极的影响。这种

影响主要体现在以下方面的作用。

（一） 球员之间的潜移默化的影响

潜移默化，通常是指人的思想、性格和习惯，因受某种环境因素或社会个体行为特征的影响，无形中起了变化。从人的生物特性来讲，人具有与生俱来的模仿和学习的本能，人在不同的环境中，往往会受到环境因素的影响，体现出与此相适应的行为特点。在高尔夫运动过程中，参与者对高尔夫运动的认识与体会有所不同，无论是对技术动作的掌握，还是对高尔夫规则的认识与理解；无论是临场策略的运用，还是打球（包括比赛）过程中球员之间的相互交流与沟通等，都会因他人的行为特点产生对自己有影响作用的行为结果。

比如：在球洞区（果岭）上，球员的球所在的位置与球洞之间的线（推击线），是应当受到球员保护的。因此，球员在观察推击线时，往往是从球员的球所在位置的后方，绕过球员的推击线，而不应走捷径跨越球员的推击线，因为这种行为是不礼貌的行为。对于这种情况的球员行为的选择，往往是在与他人打球过程中，受到他人行为的正确影响，进而也形成了与此相应的，且符合高尔夫礼仪的行为选择。

（二） 高尔夫人文氛围的感染

《礼记·曲礼上》载："入竟而问禁，入国而问俗，入门而问讳。"人是具有社会化属性的生物体，当我们身处不同的环境中时，不同环境的特质与氛围都会对我们的身心产生诸多的影响，并在我们的行为意识与行为方法上打上这种环境的文化烙印。如果我们在一定的环境氛围中坚持个体的行为习惯，排斥环境的客观存在，那么我们的行为方式就会与环境显得格格不入，且会形成远离环境氛围的"边缘人"。高尔夫运动具有特定环境下文化氛围的运动特点，当我们身处高尔夫球场时，往往会受到自然环境与人文环境的影响，形成积极的心理感应与行为感染，而这种心理感应往往会产生对我们的行为选择产生正面影响与制导作用。

比如：在高尔夫运动过程中，如果在同组球员打球时，总是在别人准备挥杆击球时发出不应有的声音（如接听电话、与人谈笑等），或总是做出与打球环境格格不入的另类表现，势必会引起大家的鄙视。相反，当球员对高尔夫运动有了一定认识和理解之后，身处高尔夫运动的人文环境时，球员都会自觉地遵守高尔夫运动的行为规范与行为准则。因为，高尔夫运动的人文环境对每一个参与者来讲，都具有正面的影响作用。

（三）高尔夫媒介的社会教化

社会媒介具有舆论监督、社会联系、文化传承、知识教育、经济发展、娱乐等功能。高尔夫作为当代竞技运动的重要组成部分，是各种社会媒介宣传报道的基本对象。这些宣传与报道，对社会受众来讲，具有积极的社会教化作用。我们通过电视直播不仅看到了高尔夫职业运动员的精湛技术，也使我们产生了对高尔夫运动学习与锻炼的冲动；我们通过对高尔夫专业杂志的阅读，了解了高尔夫的历史与社会人文，懂得了高尔夫运动的文化价值与功能，规范了在高尔夫运动过程中的行为规范与礼仪；我们通过互联网强化高尔夫球友们之间的情感交流与沟通，规范了大家在高尔夫运动过程中的行为举止。总之，当代社会媒介对高尔夫运动所产生的正面宣传作用，使社会个体对高尔夫运动的核心价值与精神实质的认识，有了一个更加全面与深刻的了解。对不同技术水平的高尔夫球友规范个人行为举止、强化在高尔夫运动中的礼仪规范和完善个人的文明素养，都会起到积极的社会教化作用。

第二节　高尔夫礼仪对发展人际关系的文化价值

人际关系是人们在生产活动或生活过程中所建立的一种社会关系，而这种关系对人们的心理影响会产生某种距离感，进而对人的社会行为也会造成倾向性。俗话说：近朱者赤，近墨者黑。此意说明人际关系的选择与建立，是造成人们社会关系倾向性的重要动因。

高尔夫运动不仅是当代竞技体育的重要组成部分，也是发展与拓展人际关系的重要社会路径。高尔夫运动的社交功能由来已久，从时间上可以追溯到欧洲中世纪后期西方"俱乐部文化"的启蒙，高尔夫作为"田园社交"社会形态，将西方绅士文化在人们社会交往中的行为规范，嵌入到了高尔夫运动的文化发展基础之中。随着社会的发展与文化传承，人们不仅继承了高尔夫社交功能的文化价值，更是把高尔夫社交的文化价值延伸到了更加宽泛的社会领域，形成了对发展

新形势下的人际关系更具有广泛社会意义的文化价值取向。

一、高尔夫礼仪符合现代社会交往的文化价值取向

社交，是人的一种社会属性，而人们在社会交往中又受到社会环境与自身文化价值取向的影响，并通过不同的行为选择反映其社会交往的结果。当今时代，经济和社会环境的变化使得人与人之间的交往显得更加重要。因为我们只有不断地与各类人员进行交往和沟通信息，才能不断地丰富自己和发展自己。

高尔夫礼仪，是其在漫长的社会发展过程中约定俗成并不断完善，最终形成了符合人们社会交往需求的行为规范。随着社会不同文化形态的相互交融与社会延伸，高尔夫礼仪在高尔夫运动社交功能中的作用，也在不断地延伸到不同的社会领域，并发挥着一般社交活动所不及的作用。

（一）高尔夫礼仪在竞技社交中的作用

随着人与人之间社会交流方式多元化的社会发展，以竞技运动作为人们社交渠道的文化价值取向，正在得到越来越多人们的追捧。当有着共同体育爱好的人们来到各种体育俱乐部、健身房、运动场时，人们不仅体验了竞技运动给自己的身心健康所带来的快慰，更是一种特定环境下的社会交流强化了个体的社会化属性。

高尔夫运动有着悠久的历史，早在这项运动的发展初期，人们就把这种游戏看作是"田园社交"的重要载体。人们自觉地将其一般社会交流过程中的行为方式、着装礼仪等"绅士文化"元素，融入到高尔夫游戏之中，并逐渐形成了高尔夫运动的人文基础与文化价值取向。虽然高尔夫运动经历了几百年的社会发展，但人们依然坚守着高尔夫运动礼仪文化的价值取向，使之植根于"高雅、文明、健康"的文化土壤之中。由于高尔夫运动具有社会交流的特殊功能，并且人们在这项运动过程中，又受到它"约定俗成"的礼仪文化与行为规范的影响，使得人们在以它为平台的竞技社交活动中，都能自觉地遵守它所倡导的行为规范和礼仪文化。这种由于特定环境下所形成的行为规范，不仅营造了高尔夫运动公平、公正的竞技基础与人文环境，也对所有参与者形成了一种自律的行为意识，对社会个体的其他社会活动形成正面的文化价值制导与影响作用。

（二）高尔夫礼仪在现代商务社交活动中的作用

商务社交，泛指人们在商务往来过程中所进行的人与人之间的交流活动。以商务往来所进行的社会交流活动，是以某种商务目的为交流指向的社会交流，通过借助于某种环境或方式，传递信息，交流思想，达到或促进拟定的商务目的。

随着现代经济的快速发展，各种以商务目的进行的社会交流活动更是如"雨后春笋"，从活动内容到活动形式，已经替代了传统意义上的社会交流活动。无论是传统的社交活动，还是各种商业目的的商务交流，尊重交流的对象、礼貌待人、从善诚信是任何商务交流活动的基本准则。而高尔夫运动精神所倡导的核心价值，就是"尊重他人、保护环境、诚信自律、恪守礼仪"，这与现代各种目的的商务交流活动的初衷，形成一脉相承的文化基础。于是，高尔夫运动也就成为当代商务社交活动的"新宠"，究其原因有以下几点：

1. 高尔夫运动精神符合现代商务交流活动的价值诉求

高尔夫运动素以"尊重他人、保护环境、诚信自律、恪守礼仪"为精神文化的价值取向，并通过《高尔夫球规则》成为对所有参与者的行为指南。在这种文化因素的推动与作用下，高尔夫运动逐渐成为了反映社会主流文化价值取向，并被有一定文化认知基础的社会个体所认同，且成为积极参与其中的基本动因。现代商务交流活动，不仅是社会经济活动的基本表现方式，也是社会文化在现代经济活动中的重要体现。比如平等互利、诚信往来等，这些不仅是商务活动中的基本准则与道德标准，也反映了经济活动中的文化价值取向。高尔夫运动的基本形式与运动节奏，不仅符合人们交流的外部需求，而且它与当代商务社交活动中的文化价值取向更有着"异曲同工"的价值取向。人们经常以"球品如人品"来比喻人们在高尔夫运动的商务活动中的行为表现，并以此作为商务活动对交流对象评价的依据。可见高尔夫运动与商务社交活动，虽不属于同一的社会形态，但二者的文化价值取向则有一脉相承的文化诉求。

2. 高尔夫礼仪的行为规范有助于商务交流的相互尊重与诚信

高尔夫礼仪是以绅士文化为基础，体现了人们在特定环境中交流与沟通的行为规范和行为特征。由于高尔夫礼仪的文化基础与人们在一般社会交流过程中所遵守的行为准则具有相同的文化基因，因此，高尔夫礼仪的行为表现在商务交流过程中，有助于人们更好地营造交流氛围，强化彼此的信任与尊重。高尔夫运动所倡导的诚信与自律，不仅对球员的行为表现具有约束与行为制导作用，更是对球员的品行在诚信与自律认识上的意识强化。这种强化作用的结果可以使球员在从事商务活动，包括其他社会交流活动中，自觉地表现出对他人的尊重与诚信自律的行为特征。

3. 高尔夫运动的基本过程有助于对交流活动的深入与了解

高尔夫运动，具有文化底蕴高雅、运动节奏轻缓、运动强度可根据球员的情况自我调剂、运动过程所占用的时间较长，以及自然环境对参与者的心理反应具有积极的正迁移作用等特征。因此，高尔夫运动也就成为人们以休闲和交流为目的的主要户外运动。在众多商务交流活动中，交流活动的时间与环境，往往对商务目的的交流活动影响很大。因此，选择高尔夫球场作为商务交流活动的载体，是现代商务活动的首选，原因如下：

一是高尔夫运动过程持续时间长，有利于彼此之间一边打球一边深入交流信息，强化对某一问题的认识；二是人们在打球的过程中，无论是对高尔夫运动的认识和理解，还是对行为表现的自律意识以及诚信态度，都会在运动过程中自觉地体现出来，这种情况有助于对交流对象的认识与了解；三是在优美的自然环境中，有利于交流的双方放松心态，化解商务往来中的矛盾，促进彼此达成合作的商务目的。所以，在商务活动中流传着这样一句话："办公室里谈高尔夫，球场里谈生意"，这其中的含义也就不难理解了。

（三）生活情趣与休闲娱乐的社交功能

生活情趣是人类精神生活的一种追求，高雅的生活情趣对个体的生活有着积极的作用，容易产生正确的生活态度，对生活有理想、有追求。它能够使人产生积极的情绪，振奋人的精神，催人奋进。而休闲娱乐作为人类生命中本能的生物属性，直接或间接地影响着人们对生活情趣的选择和生活质量的提高。

高尔夫运动被人们誉为"健康、文明、高雅、时尚"的户外运动，无论是早期高尔夫运动的人文特征，还是当代高尔夫运动多元文化的社会发展，高尔夫运动都能体现出追求高雅的生活情趣，体现文明与健康生活方式的人文特征。因此，高尔夫运动一直以来都是高端社会阶层社会交往的重要手段。随着高尔夫运动社会化与产业化的社会发展进程，参与高尔夫运动的社会群体，已不再是"社会小众群体"的专利。人们在选择高尔夫运动的同时，也在感受着一种高雅的生活情趣与休闲方式给身心带来的快慰。于是，很多人把高尔夫作为陪伴终生的休闲运动，并且把它作为"以球会友"寻求快乐和结交新朋友的重要的生活方式。

高尔夫礼仪作为高尔夫运动的重要组成部分，对所有高尔夫体验者的行为表现都深具约束力，这种约束力并没有影响到人们打球的兴趣，相反正是这种约束力让打球人彼此的交往更有品位，大家相互谦让，彬彬有礼，球场上处处呈现和谐友善的气氛。从社会传播的文化功能来讲，每一个高尔夫球友，既是高雅文化的消费者，更是高尔夫精神的文化使者，带给人们新的视野、新的梦想、新的力量、新的活力和新的生活，在人们的休闲生活中扮演者无法取代的角色，并成为越来越多人的休闲生活方式。

二、高尔夫礼仪可以帮助人们拓展社交范围

人是具有社会化属性的生物个体。融入社会与人交流，是人的社会化属性的本能体现。一个豁达开朗、善于沟通、有群体意识、有集体荣誉感、敢于承担责任、一呼百应的人，一定是事业有成的人。尤其是在现代信息化社会，人们更需要摆脱各种智能型电子产品对人们的束缚，而通过更加符合人的情感诉求的交流与沟通方式，拓展社会人际关系，扩大我们的社会交流范围。

高尔夫运动融西方"绅士文化"的人文基础与现代多元文化表现方式为一体，既彰显了这项运动高雅、文明的文化底蕴，又体现了当代健康、时尚的文化消费价值取向。而高尔夫礼仪作为高尔夫文化标志性的"文化符号"，具有社会高端文化的人文特质，人们选择高尔夫运动实际上也就选择了对这种高端文化价值取向的文化认同与追求。这对人们社会交往中塑造良好的个体形象，提高文化品位与人文修养，都是一项积极的生活体验。因此，高尔夫礼仪对人们拓展社交范围的功能，主要体现在以下方面。

（一）高尔夫礼仪具有与人沟通的人文基础

与人沟通是每一个社会个体不可回避的生存技能，也是成为社会化人的必然选择。当我们与人沟通时，由于个体的生活环境、生活品位与人文基础的差异，也就必然反映出沟通的路径与效果的不同。

高尔夫礼仪作为高尔夫运动精神的核心体现，由于长时间从事高尔夫运动，

在高尔夫人文精神的熏陶和约束下，人们的行为选择会产生自觉的意识反应，表现出良好的行为结果。如果说在高尔夫运动过程中，人们的行为表现是受到高尔夫人文环境的影响，进而产生的行为制导，那么，当人们在其他社会活动的实践中，由于行为意识已经具备了良好的文化积淀，也会在不同的环境下自觉地表现出正迁移的作用，且发挥正面的有效的功能作用。因此，高尔夫礼仪，作为高尔夫文化的重要内容，对提升个体的社会品位、完善人文修养和拓展社会人际关系，都具有良好的与人沟通与交流的作用。

（二）高尔夫礼仪具有协调与维护人际关系的功能

人际关系是人们在社会交往（包括物质与精神）的过程中，发生与发展的人与人之间的关系，人们通过这种关系的建立与维护，产生了相互之间具有倾向性的心理影响，进而增进了情感与友谊，使个体在群体中适应环境变化的能力得到了增强，满足了个体内心活动的状态，消除了压抑，保护了自我价值。因此，人际关系，是人类社会永恒的社会形态。但在现代信息通信高度发达的时代，虽然加快了社会信息的交流与沟通速率，但从人的社会化来讲，也拉大了人与人之间的距离。这时，建立和维持人际关系就显得尤为重要。

高尔夫礼仪作为高尔夫文化的重要体现，在协调与维护人际关系方面的作用，主要体现在以下方面。

1. 有利于强化共同的人文基础

俗话说"物以类聚人以群分"，而维护人际关系最有效的方法就是双方在某些方面或多方面的相似性。当人们在高尔夫球场尽享自然赋予人类的恩惠时，共同的情趣与爱好会大大缩短人们的情感距离。人们在相互一致的兴趣与爱好活动中，产生共同的话题与情趣，更容易形成维护朋友与人际关系的人文基础。

2. 有利于个体行为差异的互补

高尔夫礼仪是高尔夫运动的行为指南，是所有参与高尔夫运动者共同遵守的行为规范，无论是职业球员还是业余爱好者，大家的个性倾向虽然存在差异性，但在高尔夫礼仪的行为选择面前只有一个标准，即共同遵守《高尔夫球规则》。因此，高尔夫礼仪可以对个体的行为差异产生正面的制导与教化作用，弥补和改善个体的行为痼疾。

3. 有利于人际交往中传播善意，摒弃不良行为

高尔夫运动是一个特定行为方式的社交环境，在人们交流的过程中自觉维护高尔夫礼仪的同时，也把自己生活中的不良行为摒弃，并力争通过自身行为的选择，来维护高尔夫运动特有的人文环境。这种行为选择有利于人们在日常生活中强化自身正确的行为意识，传播有利于社会和谐的行为方式，摒弃不良的行为习惯。

（三）高尔夫礼仪可以提升与人交往过程中的自信

自信是个体对自己的个性心理与社会角色进行的一种积极评价的结果。它是一种有能力或采用某种有效手段完成某项任务、解决某个问题的信念。人的自信既取决于主观自我评价，也受客观因素的条件影响。当我们自觉维护与遵守高尔夫球场礼仪的时候，我们的行为选择一定能得到他人的认同与称赞，这种行为选择的结果就是一种主观态度的行为反馈，长期的高尔夫运动实践就会增长人们在人际交往中的自信态度与气质。

1. 高尔夫礼仪强化了与人交往过程中的成就感

高尔夫运动（特指业余高尔夫运动）是一种反映高端生活方式与生活情趣的休闲文化，参与这项运动的人们无论从事哪种社会职业，还是对生活方式有哪种价值取向，往往都是具有一定的事业成就或财富积累的社会精英，他们对高尔夫运动的认识，由于受教育层次、社会职业的影响，具有一定文化认识品位。而高尔夫礼仪的行为规范，更进一步强化了他们与人交往中的行为习惯。这种行为意识支配下的行为选择，使得参与这项运动的人们增强了在人际关系维护与协调过程中的自信心与成就感。

2. 高尔夫礼仪可以提高人际关系情感呼唤的有效性

礼仪，是维护人际关系实施情感呼唤的有效方法。高尔夫礼仪具有高端社会文化表现方式的基本特征，在高尔夫运动过程中，自觉遵守高尔夫礼仪的行为规范，并由此形成的行为意识，可以在其他社会交际活动中对维护人际关系发挥积极的情感呼唤作用，增强拓展人际关系维护情感交流的有效性与自信心。

3. 高尔夫礼仪对提高个体的文化品位与修养具有积极的作用

不断提高自身的文化品位与修养，是每一位高尔夫球员在高尔夫人文环境的熏陶和影响下的带有普遍性的心理诉求。每一位热爱高尔夫运动的球员，只有自觉地遵守高尔夫运动精神所倡导的礼仪规范与行为准则，才能形成完善自我不断提高自身的文化品位与修养的行为意识，并在其他社会实践中，尤其是与人交往的过程中，表现出良好的行为风范与行为选择的自信。

三、高尔夫礼仪可以塑造良好的个体社会形象

个体社会形象，并不是狭义上的穿着华丽的衣服和漂亮的发型，而是广义上的个人素质与品位的综合表现。在现代社会中，个体形象不仅是对自身素质与文化品位的一种展现，也是对身边其他社会个体的一种尊重和礼貌。尊重了别人等于尊重了自己，而表达出对别人的尊重是人际交往艺术的核心。如果一个人在社会交往中做到穿着讲究，不仅仅是表现自己的美感，而且也给交际的对方一种可信度和尊重，从而有一个很好的契机可以交往下去。在人们的社会交往中，无论是出入高端社交场所，还是日常生活中的人际交往，以突显个人的形象美感，追求良好的个人形象塑造，已成为一种社会共识的审美价值取向。

高尔夫礼仪具有高端社会文化的表现特质，对提升个人文化品位与人文素养具有积极的内化功能。因此，高尔夫礼仪对塑造良好的个体社会形象，主要体现在以下方面。

（一）强化个体在人际交往中的诚信态度与行为自律意识

高尔夫运动所倡导的诚信与自律的精神，不仅是所有参与高尔夫球员的行为指南，更是球员个体诚信态度与自律意识的有形体现。球员在高尔夫运动过程中的诚信态度与自律意识，不仅强化了高尔夫运动的人文环境，也促进了每一个球员自身的文化品位与素养的完善与提高。从个体社会形象的综合表现来讲，个体与人交往的诚信态度与行为的自律意识，是彰显一个人综合素养与文化品位的核心内容。因此，高尔夫礼仪对强化一个人在社会交往中的诚信态度与行为自律，是塑造个体社会形象的不可缺少的重要内容。

（二）培养个体对他人尊重的行为举止

尊重他人是一种高尚的美德，是个人内在修养的外在表现，也是人所必须具有的品质。尊重别人实际上也是尊重了自己，因为尊重也会使别人对你肃然起敬。人的内心都渴望得到他人的尊重，但也只有先尊重了他人才能赢得他人对自己的尊重。俗话说：送花的人周围都是鲜花，种刺的人身边都是荆棘。高尔夫运动所倡导的尊重他人的行为礼仪，充分体现了高尔夫运动人文精神的价值取向，大家只有彼此相互尊重，才能建立起有利于公平、公正、和谐、友善的竞赛环境。因此，高尔夫礼仪对培养个体尊重他人的行为举止，对塑造良好的个体社会形象，具有积极的引导作用。

（三）引导个体保护环境责任意识的形成

责任意识，就是清楚地知道什么是责任，并自觉、认真地履行社会职责和参加社会活动过程中的责任，把责任转化到行动中去的心理特征。

责任意识，既是体现个体的一种自觉意识，表现得平常而又朴素，又是一种传统美德，表现在个体在承担不同社会角色时自觉的行为选择。我国自古以来就重视责任意识的培养，清·吴趼人在《痛史》第十回中说的"天下兴亡，匹夫有责"，强调的是热爱祖国的责任；"择邻而居"讲述的是孟母历尽艰辛、勇于承担教育子女的责任；"卧冰求鱼"是对晋代王祥恪尽孝道为人子的责任意识的传颂。只有每个人都认真地承担起自己应该承担的责任，社会才能和谐运转、持续发展，个体社会形象的表现也才能彰显优秀的品质与人文精神。

《高尔夫球规则》把"保护环境"确立为一个球员的责任与义务，球员只有清楚地知道保护环境的意义，才能把自身行为的选择与责任和义务形成统一的自觉的行动。高尔夫礼仪作为每一个球员行为规范的"约定俗成"，保护环境的责任意识，对引导球员建立自觉行为意识，具有行为的制导与规范的功能，同时，也对个体的社会形象塑造，强化对自然环境与人文环境的保护意识的形成，具有积极的促进作用。

（四）提升个体着装礼仪的行为意识与行为规范

在现代社会交往过程中，一个人的仪表与着装往往决定着他人对自己印象好坏的评价结果，以及影响着对自己专业能力及任职资格的判断。无论是出席重要的社交活动，还是人们日常的社会交际，既符合环境需要的着装礼仪，又能体现个人气质与品位的着装审美，往往能使个体的社会形象加分，为拓展人际关系、强化与人交往中的个体作用奠定重要的人文基础。俗话说："人靠衣装马靠鞍"，建立良好的个体社会形象，需要我们全方位地注重自己的仪表。

高尔夫运动的着装礼仪，是一种受西方传统文化影响，具有"绅士文化"底蕴的行为表现。虽然高尔夫运动的着装礼仪是一种"约定俗成"，但人们在此项运动过程中的行为表现早已形成了一种人人遵守的群体意识。在这种群体意识的影响下，人们恪守高尔夫运动的着装礼仪，并且对人们参与其他社会活动的着装意识与行为规范，具有积极的行为制导作用，对塑造良好的个体社会形象，高尔夫运动的着装礼仪具有不可替代的功能作用。

第三节　高尔夫礼仪对树立社会公共意识的文化价值

公共意识，是行为主体在参与各种社会实践中所体现出的对社会公共生产与公共生活的文化价值的认识、理解与评价。一个具有公共意识的社会个体总是把自己的认同与他人价值观联系在一起，形成一种共识，寻找和发现彼此间的共同需求，并以此来确定公共准则。公共意识的核心是对社会公共利益的维护与奉献，是任何一种社会体制所倡导的公共精神。

高尔夫礼仪是高尔夫运动精神的核心体现，是高尔夫运动过程中处理个体与他人的关系，维护高尔夫球场人文环境与自然环境和谐的行为准则。高尔夫礼仪作为高尔夫运动标志性的"文化符号"，对社会个体树立社会公共意识，维护与协调和谐的人际关系，具有一定的社会现实意义和深远的文化创造价值。

一、高尔夫礼仪有利于培养良好的行为习惯

高尔夫礼仪，是在《高尔夫球规则》的行为制导和群体意识"约定俗成"的影响下，在高尔夫球员身上所体现出的符合高尔夫运动精神实质的行为结果。高尔夫球员对高尔夫礼仪的运用或行为选择，既有客观环

网络
链接

"泰格·伍兹为球场上随地吐痰而道歉"
http://www.chinanews.com/

境约束下的行为制导作用，又有球员自身主观意识支配下的自觉的行动。因此，高尔夫礼仪在高尔夫运动中的作用，不仅仅维护了高尔夫球场人文环境的和谐，也对高尔夫运动个体完善自我、摒弃不良的行为习惯、建立良好的行为意识都具有积极的心理引导作用。

（一）高尔夫精神对球员的行为制导

《高尔夫球规则》对高尔夫精神的解释虽然只是通观意义上的表述，但它所具有的全面指导作用，却是对所有参与者的行为约束与行为制导。高尔夫精神对所有球员所产生的影响，虽然是高尔夫人文环境的作用结果，但对每一个球员来讲则是一种良好行为意识培养与历练的过程，尤其是对球员尊重他人与诚信自律的行为意识的培养，具有其他文化教育功能所不及的作用。因为，当球员置身于高尔夫运动的人文环境中时，无论是球员"群体意识"的影响，还是《高尔夫球规则》对球员行为方式的约束，都会对球员产生强烈的行为制导作用，使其恪守高尔夫精神所倡导的行为规范，否则将会被其他球员所鄙视。

（二）高尔夫运动的人文环境对球员的影响

人文环境，是一定社会系统内外文化变量的表达方式，包括这个社会系统内部的态度、观念、信仰、认知环境等相关因素，是隐藏于社会个体与群体之间的无形环境，具有潜移默化的影响与共同的精神价值取向。

高尔夫运动的人文环境，是指以高尔夫球场为载体，以参与这项运动的个体之间所形成的对高尔夫运动共同的兴趣志向、运动方法和行为规范，并且个体的行为选择又相互影响的共同精神价值取向的无形环境，它对球员良好行为习惯的培养具有积极的心理制导作用。俗话说"近朱者赤，近墨者黑"，当球员长期地处于高尔夫运动的人文环境中，受到来自高尔夫"群体意识"的行为影响时，人们的行为习惯就会形成符合高尔夫运动精神价值取向的行为意识。

（三）球友之间行为意识的潜移默化

潜移默化，是指人的思想或性格不知不觉受到感染和影响而发生的变化。人们的行为习惯，往往是在行为意识的反复作用下，所产生的自觉的行动。当人们在高尔夫运动的人文环境中，由于球员彼此之间受到《高尔夫球规则》的行为约束和高尔夫精神的行为制导，球员的行为意识在相互潜移默化的影响下，就会自觉地产生符合高尔夫精神价值取向的行为选择。因此，高尔夫球友之间行为意识的潜移默化，对球员良好的行为习惯的培养具有积极的影响作用。

二、高尔夫礼仪具有行为意识的社会延伸作用

人的社会活动总是在行为意识的支配与作用下，选择符合周围环境客观实际的行动方法。当人长期在某一环境影响下，主观意识就会形成相对稳定的心理反应，遇到相似客观环境的条件时，其心理反应就会产生已有的行为意识，这种现象我们通常称之为意识迁移。

人是具有社会化属性的生物体，人们在共同生活环境中相互交流，必然形成共同遵守的社会基本准则。这些准则凝结着人类的道德基础与生活智慧，比如人在社会交往中的彼此尊重、信守承诺和在公共场合讲礼貌与谦让等，人们一旦形成了这种定式和行为意识，那么无论在什么社会条件下，都会自觉地遵守这些基本准则。

高尔夫礼仪具有特定环境下的文化功能与价值作用，人们在高尔夫运动过程中共同遵守《高尔夫球规则》对每一个参与者的行为规范要求，并由此形成了高尔夫运动的特殊人文环境，人们在这种环境中所形成的行为意识，对人们参与其他社会实践也会产生意识迁移的心理反应。因此，高尔夫礼仪行为意识的社会延伸作用主要体现在以下两个方面。

（一）对人际交往行为选择的影响

人的社会交往存在着个体与个体的交往、个体与群体的交往，以及群体与群体之间的交往三种类型。高尔夫礼仪作为一种特定领域中人际交流的行为规范，更多的是球员个体之间交流在高尔夫运动过程中的行为表现，高尔夫球员个体的行为选择与行为结果，既体现了球员个体对高尔夫礼仪的正确认识与人文素养基础，又受群体环境对高尔夫礼仪"约定俗成"的行为制导和行为影响。因此，球员良好的高尔夫礼仪行为意识与行为习惯，会形成球员稳定的心理反应基础，并在球员其他社会人际交流中产生积极的意识迁移，表现出符合不同环境下人际交往礼貌与礼仪规范的行为选择。

（二）对维护与协调不同社会关系的行为影响

社会关系，简单地讲就是人们在生产和共同的生活过程中所形成的人与人之间的关系。人作为社会化的生物个体，在不同的社会生产与生活环境中要"扮演"着不同的社会角色。维护与协调不同环境下的社会关系，既是社会个体正常社会活动的基础，又是体现人的社会价值的重要前提。而人的社会价值是通过自己的实践活动为满足社会的需要所做出的贡献，简单地说就是个人对社会的贡献。人们在维护与协调不同社会关系的行为选择上，是以自我为中心，还是为他人着想，这不仅是一种行为选择，更是一种社会道德与为人品质的体现。

高尔夫礼仪，是高尔夫运动精神在球员行为选择与行为结果上的具体表现。高尔夫球员在高尔夫运动的实践过程中，对规则的遵守和对高尔夫人文环境的维护，不仅体现了球员行为意识支配下的自觉行动，而且是对球员人文素养与人格品质在一定环境下的历练与培养。人们通过高尔夫礼仪在高尔夫人文环境中的运用，其人文素养与人格品质也会在不断完善的基础上，自觉地运用到维护与协调其他社会关系的行为选择，对球员拓展社会关系、强化与人交往过程中的行为规范，都具有积极的影响作用。因此，高尔夫礼仪作为一种高尔夫文化的组成部分，对人们维护与协调其他社会关系的作用是深刻的。

三、高尔夫礼仪符合社会主流文化价值取向

高尔夫运动在几百年的历史发展进程中，不同时期的社会人文赋予了这项运动不同的文化元素，使其逐步形成了内涵丰富的社会文化现象。高尔夫礼仪作为高尔夫文化社会整体发展的重要组成部分，其核心文化价值始终是与不同时期社会主流文化的价值取向保持高度的一致性。当前高尔夫运动的社会表现形态虽然仍属于社会高端休闲娱乐文化，但是高尔夫运动所倡导的精神，并在高尔夫礼仪行为表现的方式上，与当前我国主流文化价值取向有着"一脉相承"的文化功能。

（一）国家层面的价值取向与高尔夫精神

富强、民主、文明、和谐，是当前我国社会主义建设核心价值观的建设目

标，也是国家层面的价值取向。富强体现了国家发展实力；民主反映了国家的社会环境；文明彰显了国民素质的整体水平；和谐体现了社会发展关系。

高尔夫运动虽然仅仅是一种特定领域的文化现象，但从这项运动的精神价值取向讲，"尊重他人，保护环境，诚信自律，恪守礼仪"与不断提高国民素质，构建和谐的社会发展关系的国家层面的价值取向，其文化内涵具有高度的一致性。因此，积极倡导高尔夫运动的人文精神，对特定领域社会群体的文明意识的增强与构建和谐社会的建设目标都具有积极的促进作用。

（二）社会层面的价值取向与高尔夫规则

自由、平等、公正、法治，是我国社会主义建设体现社会层面的价值取向，体现了坚持科学发展、坚持以人为本、坚持执政为民、坚持依法治国伟大实践的集中价值体现。从当前社会层面的价值取向讲，充分体现了人人平等、依法治国、公正廉洁和服务于民的核心思想。

高尔夫运动作为一种特定社会领域中的文化现象，其规则所倡导的高尔夫运动精神，充分体现了这项运动是在公平与公正的竞赛环境中进行的，球员必须严格履行《高尔夫球规则》的各项条款与规定，自觉维护高尔夫运动的人文环境与"约定俗成"的群体行为规范，才能使每一个热爱与参与这项运动的人们充分体验与感受到高尔夫运动给人们所带来身心快慰。因此，高尔夫运动所倡导的人文精神，以及"约定俗成"的群体意识，反映了当前我国社会主义建设在社会层面的价值取向。

（三）公民个人层面价值取向与高尔夫球员的行为规范

爱国、敬业、诚信、友善，是当前我国社会主义建设体现在公民个人层面的价值准则。爱国就是以忠诚于国家；敬业就是专心致力自己的事业；诚信就是诚实无欺，讲求信用，内诚于心，外信于人；友善是指朋友之间亲近和谐。这四者之间有着密切的联系，即"爱国"是统领；"敬业"是基础；"诚信"是保障；"友善"是表现，是精神面貌，是公民的外在反映，也是对"爱国""敬业"和"诚信"的集中体现。

高尔夫运动倡导"尊重他人、保护环境、诚信自律、恪守礼仪"的精神，既是每一个热爱与参与这项运动的人们理应自觉遵守的行为规范，也是对社会个体建立与完善人文素养和道德品行的历练与培养。从不同文化现象的社会关联性来讲，高尔夫运动精神所倡导的球员行为规范，即高尔夫礼仪，反映了当前我国社会主义建设体现在公民个人层面的价值取向。

　　小结：高尔夫礼仪是高尔夫文化整体发展的重要组成部分，作为高尔夫运动标志性的"文化符号"，从其文化价值的表现意义来讲，本章重点讲述了高尔夫礼仪对个体的自我完善的文化价值、对发展人际关系的文化价值，以及对树立社会公共意识的文化价值。在第一节中重点讲述了高尔夫礼仪对社会个体的教化作用、对个体行为意识的自律作用，以及对个体行为方法的示范作用。在第二节中讲述了高尔夫礼仪符合现代社会交往的文化价值取向，高尔夫礼仪可以帮助人们拓展社交范围，也可以塑造良好的个体社会形象。在第三节中重点讲述了高尔夫礼仪有利于培养良好的行为习惯，具有行为意识的社会延伸作用，以及高尔夫礼仪符合社会主流文化价值取向。通过本章讲述，使我们清楚地认识与了解了高尔夫礼仪的文化价值创造，在个体行为表现方面的功能与作用。

　　思考题：

　　1. 高尔夫礼仪对个体自我完善的文化价值。

　　2. 高尔夫礼仪对发展人际关系的文化价值。

　　3. 高尔夫礼仪对树立社会公共意识的文化价值。

本章作者：赵　伟　张志敏

下 篇

高尔夫礼仪文化实践论

　　高尔夫礼仪作为高尔夫文化核心内容的重要体现，不仅有着宽厚的人文基础，也具有可操作性的行为特征。下篇"高尔夫礼仪文化实践论"，以高尔夫运动实践中的礼仪行为规范、高尔夫俱乐部不同岗位服务礼仪行为规范和高尔夫企业市场运营中的礼仪行为规范三章内容进行讲述，通过本篇的学习，使大家对高尔夫礼仪在不同环境下的实际运用与操作的行为规范，有一个全面、客观的认识和了解，并能在实践中加以运用。

第七章　高尔夫运动实践中的礼仪

内容提要：高尔夫运动被称为"绅士运动"，是因为它倡导"尊重他人、保护环境、诚信自律、恪守礼仪"的精神品质，被世人广泛认同。将高尔夫球场礼仪纳入《高尔夫球规则》，可谓是开创了世界体育运动史的先河。"为其他球员着想""球场上的优先权"和"对球道草坪的保护"等规则也都体现出一种"先人后己"的绅士风度。本章着重讲述高尔夫球场、高尔夫练习场等不同环境下的礼仪行为规范，以及观众在观看高尔夫比赛时的礼仪。通过本章学习，使大家对高尔夫礼仪在不同环境下的运用规范有一个全面的认识和了解。

关键词：高尔夫球场；高尔夫练习场；高尔夫比赛观众；礼仪规范。

第一节　高尔夫球场的基本礼仪

高尔夫球场是自然环境与人为设计为一体的户外运动场所，由于不同的区域有不同的规则要求，球员在比赛或其他形式的打球过程中，不仅要自觉地遵守《高尔夫球规则》，还要按照高尔夫球场礼仪的行为规范，努力做到"尊重他人、保护环境、诚信自律、恪守礼仪"。按照高尔夫球场不同的区域规则要求，球场礼仪也包括发球区礼仪、球洞区通道礼仪、球洞区礼仪以及障碍区礼仪等。

一、发球区礼仪行为规范

高尔夫球场发球区，是发球台内特定的一部分，是球员准备打球之洞的起始处。它的范围是由两个发球区标志的前面和两侧的外侧边缘限定，且其纵深为两球杆长度的 (长) 方形区域。从球场礼仪的角度讲，球员的礼仪行为适用于整个发球台区域。俗话说"良好开端等于成功的一半"。如果球员一上发球台就遇到

发球区范围示意图

有失球场礼仪的行为，这是令人十分不悦和扫兴的事情。因此，发球台（包括发球区）作为打球的起始处，球员的行为规范与礼仪表现，对同组球员的影响是非常重要的。

（一）发球前应注意的行为规范

人们常说高尔夫运动是"绅士运动"，究其原因是因为球员在球场上的每一个环节都应彰显绅士风度，处处彬彬有礼，时时恪守自律。通常球员在第一洞发球台开球之前，同组球员（无论同伴还是对手）应彼此相互握手问候，祝对方好运，并注意以下礼仪行为规范。

> **小知识**
>
> **对球座（TEE）的规定**
>
> 球座是用来将球架离地面的用品，一般是在发球区内发球时使用（也可不用）。常见的球座有木质和塑料的，有长、中、短之分，可根据个人架球高度的习惯选择使用。规则规定，它的长度不得超过 4 英寸（101.6 毫米），在其设计和制造上不得有指示打球线或影响球的运动的作用。在正式比赛中，如果使用了不合规定的球座，球员就要受到取消资格的处罚。

1. 确定发球顺序

如果是休闲娱乐打球，在第一洞发球台同组球友可以协商的方式决定开球顺序。很多时候球友喜欢抛球托决定先后：四人围成一圈，向空中抛一个球 Tee 使之落在中间，球 Tee 尖端指向的球员最先开球，顺时针依次确定发球顺序。第一洞之后其余的发球台则应按照上一洞成绩决定发球顺序，即杆数最低的球员优先击球。若是男女混合组，且球员均使用同一发球台，应请女士优先击球。在较正式打球或比赛时，如果事先没有编排分组表，则同组球员可采用抽签的方式，或是按照差点高低让低差点球员先发球。

2. 选择适合自己的发球台

由于球场提供不同的发球台标志，所以可以让不同水平的球友同组打球。一组球员使用不同颜色标志的发球台是很常见的，所以每一个球员都应选择适合自己水平与打球能力的发球台。一般情况下红色发球台是供女子球员使用的，白色发球台适合一般水平男子球员，而蓝色发球台则

选择正确的发球台是球员基本的球场礼仪

适合水平较高的男子球员。

选择适合自己打球能力的发球台，是球员基本的球场礼仪，那些"眼高手低"一时逞强，不合实际的选择发球台的做法，是极不礼貌的行为。

当球员发球后离开发球台时，捡起地上自己用过的球 Tee，或将打坏的球 Tee 捡起来放在垃圾桶内，这是一种看似简单却体现了球员保护环境的良好意识与素养的绅士行为。

（二）发球过程中应注意的行为规范

1. 非发球球员的站位

同组球友在发球时，只允许一个球员在发球区击球，其他球员应站在发球区标志以外靠一侧的地方，发球球员视线达不到的位置，以免造成对发球球员的影响。而站在发球球员和球的正后方，这是极不礼貌的行为（如图所示）。

非发球球员应站在发球球员视线看不到的位置，这是尊重他人的基本球场礼仪

2. 保持安静

当球员准备发球时，同组球员应保持安静，不要交谈或议论其他人的挥杆，同时还要避免在发球台上整理球包内的球杆发出声响，更不能不顾及球员发球而在一边有响声地吃东西。

（二）发球后应注意的行为规范

1. 加快打球速度从细微处做起

加快打球速度，避免造成后续组的"塞车"，这是球场礼仪的基本行为表现。因此，同组球员应用心观看同组球友的击球，不要认为不

当球员发球时，别人发出任何声响都是对球员的不尊重、不礼貌的行为

是自己击球就做自己的事情。如果能认真地为其他球员看球的落点，则发球的球员会十分感激的，同时还可以减少遗失球，节省全组的打球时间。

有些球员在发球台击球之后习惯留在原地盯着飞出去的球，即使球落地后也不愿离开，站在发球台上对自己的球喋喋地抱怨不休。这种行为看似一个不起眼的小事，但反映了"尊重他人"和"为其他球员着想"的行为意识淡薄。因此，球员在观看其他球员发球的同时即应做好发球的准备，即事先在手中拿好球 Tee 和球，并整理好手套，一旦前一位击球完毕就径直走上发球台插球座准备击球。球员在任何时候都要切记，"打高尔夫球不需要赶时间，但不能耽误时间。"

2. 让球车远离发球台

在打球过程中，无论是使用手拉球车还是机动球车都严禁开上发球区域。因为球车轧了发球台后在草坪上留下的车辙印很难修复，会给其他球员带来不便，并会给球造成严重损失。"保护环境"是每一个球员的责任与义务。当同组球员在发球台完成全部发球之后，应迅速走进电瓶车或拉着手拉车，尽快地走向落球点。

"他耽误的时间可够我的了，没准他正琢磨该怎么点菜金呢，如果这个球跟进洞的话。"

无论在球场的什么区域，以牺牲别人的利益而获得对自己有利的做法，都是极不礼貌的行为。

二、球洞区通道（球道）上球员的基本礼仪

球洞区通道，是发球区连接球洞区的基本路径，也是高尔夫球场面积最大、地形变化最多、球员停留时间最长的区域。因此，一方面球员应掌握与正确运用球洞区通道规则，处理好球洞区通道各种复杂情况才能取得较好的成绩；另一方面球员在球洞区通道上的行为选择，也是球员球场礼仪与人文素养的重要体现。通常球员在球洞区通道上的礼仪规范，主要体现在以下方面的行为表现中。

（一）对球道草坪的保护

保护球道草坪是每一位球员应尽的责任和义务。球员在正常状态下击球时，杆头可能削起一块草皮是十分正常的。但球员应及时地将削起的草皮捡起放回原位的打痕上，再用脚轻轻踩一踩，以帮助草皮重新生长。保护和及时修复草皮是高尔夫球场的基本礼仪。如果每一位球员都能自觉地保护与主动修复草皮，高尔夫球场就能给每一位球员带来打球的优美环境。假如球员都不对打起的草皮和留下的打痕做任何处理，那么球道上就会到处散落着草皮断片和满目疮痍，这样，放弃的不仅仅是保护与修复草皮的行动，更是丢弃了保护环境的良好行为意识和文明素养。

（二）关于遗失球的处理

在高尔夫比赛或其他形式的打球过程中，遗失球是一种常态。但球员对遗失球的处理方法，《高尔夫球规则》中不仅有明确的规定，而且球员对处理遗失球行为方法的选择，也是高尔夫球场礼仪的重要体现。从《高尔夫球规则》的要求来讲，球员寻找遗失球有 5 分钟的时间。然而，在大多数非比赛的情况下，球员寻找遗失球的时间只能靠球员的自律意识，以及"为其他球员着想"的品质，来体现高尔夫运动的精神。如果球员在开始寻找遗失球时，意识到寻找球的时间会影响后续组的进程，而此时后续组也正好紧跟来了，那就应该主动地让后续组优先通过。这种行为选择不仅是自觉地遵守了《高尔夫球规则》，也是高尔夫礼仪所彰显的高尔夫精神的体现。

作为一名高尔夫球员或爱好者，在自己的利益面前首先能为其他球员着想，这不仅是高尔夫运动精神的崇高体现，也是高尔夫球场礼仪的最基本的行为表现。

（三）保持快速的打球速度并及时跟进

高尔夫运动虽然是在空旷的场地中进行的户外运动，但是，由于它本身具有的特点、每组球员的打球时间间隔，以及安全规则的限定，球员在比赛或其他形式的打球过程中，必须自觉地遵守《高尔夫球规则》有关打球安全的时间和距离要求，并能以自觉的行为和自律的意识，确保自身的打球速度和打球跟进的距离不造成对其他球员的影响。

当球员在球道上时，击球前的挥杆练习是必要的，有的球员可能因击球不理想，而且后面又没有球员跟进，多打一颗球也是情理之中的事情。但是，如果反复地在一个位置多次击球，

球场安全任何时候不能忽视

把球道当作练习场使用，就是一种极不礼貌的行为了，这种行为会使其他球员鄙视的。

许多职业球员在比赛中每次击球前根本不做任何练习就直接将球击出，因为他们知道任何延误比赛的举动都将受到处罚。一般职业比赛将球员走到球前至击球结束的时间限制在45秒内。当然，如果碰上等待前面的一组离开击球区域的情况，此时球员做空挥杆练习是没问题的。

（四）打球顺序的优先击球权

当球员的球在球洞区通道上时，从规则的要求来讲，应由球距离球洞最远的球员先打球。如果至球洞的距离相等，则应以抽签的方式决定谁先打球（这种情况通常是指职业比赛）。

当球员是在非正式比赛的情况下打球，处于球场礼仪的行为要求，除了谁的停球位置距离球洞最远谁先击球的规则之外，球员可以采取"Ready Golf"的打法，即先准备好的球员先击

> **小知识**
>
> **不受处罚的补救**
>
> 在打球过程中，经常会遇到球被打到球车道、广告牌、灯杆、配电箱、下水井盖、喷头及临时建筑等人造物体附近或其中，也会将球打到异常球场状态（如临时积水、整修地或由掘穴动物、爬行动物或鸟造成的妨碍等）之中。根据规则，球员可以不受处罚地进行补救。

球。但是，球员在击球之前一定要确定同组其他球员的位置，判断是否轮到自己击球或是否让其他正在击球的同伴击球，同时还须确保自己击出的球不会伤到在球道等待击球或正在找球的同伴。

（五）打球过程中的优先通过权

在高尔夫比赛或其他形式的打球活动中，由于每一组的球员人数不一定相同，因此，《高尔夫球规则》规定，在球洞区通道上二人一组较三人一组或四人一组者有优先权，并有超越这些组先行通过的权利，而这些组应请二人球组先行，单独球员无此权利而应让任何其他组先行通过。因此，当球员在球洞区通道上时，如果后续组的人数少于本组球员，那么，本组球员理应让后续组优先通过。当然，优先通过的球员也理应对前面一组球员的行为表示谢意。当大家都能以礼相待与谦让时，高尔夫球场才能实现和谐、文明、有序的运动环境。

三、球洞区（果岭）上球员的基本礼仪

球洞区（果岭），是专为球员所打之洞推击球而建造的，或者是由竞赛委员会所标定的球洞区的区域。由于球洞区的特殊环境和要求，其草坪是球场草坪中最脆弱、最不易维护的区域。因此，除了规则对球员在球洞区（果岭）上的行为有诸多要求之外，球洞区上的礼仪，也是每一位球员理应遵循的行为准则。球员在果岭上只能轻柔行走，切忌跑动，同时走动迈步时需将双脚抬起，以免因拖曳而留下划痕。在任何情况下都不允许将球车或手推车开上球洞区（果岭），也不允许将球包放置在球洞区（果岭）上，球员只需携带推杆上果岭。为此，球员在球洞区（果岭）上的行为礼仪，主要注意以下方面的行为表现。

（一）及时修复球痕和钉鞋造成的损伤

当球员的球落在果岭上时，由于球的冲击力，经常会对果岭表面造成下陷的凹痕，也称果岭球痕。根据击球方式的不同，球痕的深浅也不同。每位球员都有责任与义务修复由自己的球造成的球痕。方法是：用球座尖端或果岭修理叉沿凹痕周边向中心插入并挖起，直到凹陷部分与表面齐平，然后用推杆头底面轻轻敲击压至平实。对于由球员的钉鞋造成的果岭痕迹，球员应在规则允许的条件下，及时修复。球员在果岭上看到其他未修复的球痕时，如果时间允许，也应予以修理。球员发现果岭有球痕时，不要只依赖球童去修理，一个真正的有品位的球员总是随身携带果岭修理叉。如果每个人都主动地修理果岭球痕，那么高尔夫球场

的人文环境会更显和谐与文明。

（二）保护球员推击线

从《高尔夫球规则》的角度讲，球洞区上球员的推击线，是一条从球的静止位置到球洞之间无形的连线，这条线是要受到球员保护的。保护球员的推击线，是球员在果岭上行为礼仪的重要体现，也是尊重他人的具体表现。由于果岭表面的草纹具有特殊的意义，对球员推击球的移动路线影响极大，所以一旦被球员踩踏就会对球员的推击球的移动路线造成不利的影响。当然，不踩踏球员的推击线是球洞区的基本礼仪，而跨越球员的推击线也被视为是对球员的不尊重，同样是对球员极不礼貌的行为。因此，当球员观察自己的推击线时，绕开其他球员的推击线是尊重他人、保护球员推击线的基本礼仪。

（三）保持正确的站位与站姿，并与其他球员共同离开果岭

球员在果岭上的推击球动作，需要考虑多种因素，并力争通过推击的力度、线路的掌握使球能顺利地滚进球洞或到达理想的位置。因此，在此过程中除了要按照规则的要求避免自己的行为影响推击球的球员之外，还要注意站位选择的果岭礼仪。首先，球员的站位选择要避免自己的身影投射到球员的推击线上，

这种从球洞中取球的做法是应当避免的

或者球员推击线的正后方；其次，如果在果岭上等待同组球员推击球时，要注意自己的推杆、脚不要伤及果岭表面的草坪。此外，要等同组球员全部完成将球推进球洞之后，一并离开果岭。当同组球员还在推杆时，先前完成推杆的球员离开果岭是非常不礼貌的行为。

（四）正确照看旗杆，不影响球员完成推球动作

为其他球员照管旗杆，既是球员的义务，也是良好的个人素养与礼貌的行为表现。通常情况下，照管旗杆的工作由球童完成，如果一组球员没有球童跟随，

那么球位距洞最近的球员首先负责为其他球员照管旗杆。正确的照管旗杆动作应是站直身体，伸直手臂握住杆身。如果场上有风，应在握住旗杆的同时抓住旗面使之固定。同时拔出、移走旗杆的时间也应掌握好，除非推击球员要求移走旗杆，通常应在球员推击后立即移开，不要等到球接近洞口时才动作。此外，

这种照管旗杆的行为是不符合球场礼仪的

球员照管旗杆时还要注意自己的影子不要影响推击者，确保影子不要遮在球洞或推击线上。

拔旗杆的动作要轻柔，首先缓缓转动杆身，然后再轻轻地拔出来。如果所有球员都要求移开旗杆，则可将其平放在果岭裙边，而不是放在果岭区域之内。在没有球童跟随的情况下，拾起、放回旗杆的工作应由最先推球入洞的球员在最后一位球员的球进洞之后完成，以避免拖延时间。放回旗杆时也需对准洞杯轻柔操作，切忌让旗杆末端戳到洞口周边的草皮。

四、障碍区（沙坑、水塘）内球员的基本礼仪

障碍区是位于球洞区通道上由沙坑、水塘所构成的区域。《高尔夫球规则》对障碍区的界定，既是依据规则的基本定义，也有"当地规则"对障碍区设置的规定。高尔夫球场由于不同的地形地貌，以及不同的球场设计理念，其障碍区的形态也就各不相同。球场的障碍区通常是在原地貌条件的自然形态下，通过人文设计来体现球场障碍区的造型品质与球场功能，因此，对障碍区的保护也就成为每一位球员的责任和义务。无论是高尔夫比赛，还是其他形式的打球活动，球员在障碍区内的行为礼仪主要体现在以下方面。

这种行为是与球场礼仪相违背的

（一）球在沙坑中的球员行为规范

高尔夫球场上布满了富于挑战性的各种形态的沙坑，当球员的球掉进沙坑时，球员在沙坑中的行为礼仪主要体现在以下方面：

1. 行为的自律性

《高尔夫球规则》规定，球员在沙坑内禁止在击球前"测试障碍区状况"，所以不能以手抓或脚踢的方式，来测试沙子的干湿和软硬程度，更不能在击球之前让杆头碰到沙子。而对于这些规定的遵守，通常是在没有裁判员和球员监督下，靠球员的自律与诚信来实现的。因此，球员在沙坑内击球之前的自律行为是球员在障碍区内最重要的行为表现，也是球场礼仪中最重要的体现。也许球员做出的有失自律与诚信的行为选择，会让球员一时获利，但却失去了作为一名高尔夫球员应有的为人品质。

2. 击球的安全性

由于沙坑特殊的环境会给球员击球带来许多困难，或造成击球效果的不确定性。因此，沙坑击球安全也就成为球员首先要考虑的问题，也是球场障碍区礼仪的重要内容。

（1）球员在沙坑击球前一定要看到击球方向或周围没有人员站立，避免击球时的沙石、树枝等对球员造成伤害。

（2）如果击球效果不理想，或远离了击球目标，则不应在沙坑中做出一些不理智或违规的行为，例如用球杆击砸沙坑或沙坑周围的草皮等，这些行为不仅不能挽回不理想的击球，反而使自身的行为表现丢份，被人鄙视。

3. 保护沙坑环境的自觉性

球员除应自觉地遵守《高尔夫球规则》对沙坑中球和球员行为的明确规定外，在进入沙坑击球或击球之后离开沙坑时，还应注意以下行为规范：

（1）从沙坑较低的最靠近球的一侧进入，不要从高的一侧爬下，因为沙坑较高的边缘不容易维护，一旦塌陷会很难修复。

（2）在进入沙坑之前，先将沙耙放到离球位较近的、容易拿到的位置。

（3）当球员将球击出沙坑后，应用球场提供的沙耙将沙坑中留下的所有痕迹

（包括球痕、打痕和脚印）耙平，并应沿原先进沙坑的路线走出沙坑。

（4）离开之前将沙耙放在沙坑外，让沙耙的长把与球道平行。

（二）球进入水障碍区时的球员行为规范

水障碍的定义从《高尔夫球规则》讲，球场中任何海、湖、池塘、河川、水沟、地表排水沟或其他无覆盖水道（无论有水与否）及类似性质的水域，都称之水障碍。水障碍区（非侧面水障碍区）应以黄色立桩或线标示；水障碍区（正面水障碍区）以红色立桩或线标示。当球员的球确认进入了两种不同的水障碍区时，处理的方法是有所不同的。球员在处理水障碍区内的球时，应注意以下球场礼仪。

第一，如果球员击打水面以下的球而采取站姿后，球杆的杆头不可以触及到水障碍区内的水，不然要被罚两杆。如同在沙坑内击球球杆不能触及沙坑表面的沙子一样。

第二，球员的球确认进入球道层面水障碍（黄线表示的区域），球员应按照规则的规定进行抛球，即两球杆范围内抛球。在一般非比赛的状态下，也许大家并没有严格执行两球杆范围内抛球的规则，这种做法虽属于非正式比赛的娱乐行为，但作为球场礼仪来讲，是不合适的行为选择。

（三）球在长草区中的球员行为规范

长草区虽然不属于球场障碍区，但作为球场的一部分，当球员的球进入长草区域时，除了应当注意的安全规则以外，也应当自觉遵守以下球场礼仪：

第一，当球进入球道边的长草区时，为了不给后续组打球造成影响，球员应当多带两支球杆，以免在找到球之后再回到球车取球杆耽误时间。如果寻找球的时间可能较长，球员应主动让后续组优先通过。

第二，当球员在长草区找到球之后，不要用空挥杆的方式去除球周围的长草。这种行为不仅违犯了关于"改善击球环境"的规则，而且也是有违球场礼仪对保护环境规定的行为。

第三，球员在长草区击球时，一定要看到同组其他球员的位置，并在确认击球周围没有其他人员站立的情况下再击球，避免因长草击球伤及其他球员。

案例分析：

魏圣美第一场职业比赛的代价

2005 年 10 月 11 日，高尔夫美少女魏圣美在位于加利福尼亚的棕榈滩溪谷球场吹灭了她的 16 岁生日蜡烛。在随后举行的三星杯女子世锦赛上，她引起了无数人的注目。但是最终年轻的她因为犯规而被取消了成绩。职业生涯的处女秀，成绩、奖金都没有了，彻底变成了一场秀。

三星杯女子世锦赛每年只有 20 名顶级选手参加，而 2005 年的这项赛事成为了魏圣美"入职"后的首个演武场而受到全世界关注。不过，她的加盟并没有改变溪谷球场的传统，"大姐大"索伦斯坦对小妹妹从来就不感冒，几乎没有什么悬念便成为五冠王。魏圣美的成绩不坏，第 4 名，但由于第 3 轮第 7 洞的一个错误，她被组织方扣下了 53126 美元的奖金支票，名次也被取消了。因此，在评价到她的表现时，普遍的看法突然转了向：击出的球是职业水准，犯的错误则是业余水准。

事情的经过是这样的：溪谷球场位于加利福尼亚的棕榈滩，最后一轮，由于下起了暴雨而耗掉了选手们 7 个半小时。本有夺冠希望的魏圣美全然不在状态，前 3 洞都打出柏忌，最终以 280 杆排在第 4 位，4 轮杆数分别为 70、65、71、74，排在她前面的，除了索伦斯坦，还有 19 岁的明星新秀克里默和韩国选手朴熙圆。相比之下，魏圣美在全世界的电视屏幕上很平庸。

令人震惊的事情还在后头。比赛结束不久，雨还没有停，魏圣美刚刚在当天的成绩单上签了字，两名裁判员便领着她来到她第 3 轮的一个抛球点。两小时之后，裁判员判定她当时的抛球有问题——她认为与球洞的距离只缩短了 3 英寸，裁判员却认为缩短了 1 英尺。魏圣美由此付出的代价是：奖金全部被扣；第 3 轮的成绩加罚 2 杆，变成了 73 杆；总成绩取消。魏圣美为自己职业生涯的第一场比赛，付出了不诚信的代价。

第二节　高尔夫练习场的基本礼仪

高尔夫练习场，是指为高尔夫运动技术所提供的专门练习场地，是高尔夫运动社会化发展与文化传播的重要载体。由于高尔夫练习场更具有社会的开放性、企业运营的多样性与随机性，以及练习者水平的差异性，因此，它就成为一种从初学者到高水平参差不齐球员的聚集场所，遵守高尔夫练习场的公共秩序、恪守高尔夫运动礼仪、弘扬高尔夫运动所倡导的精神，也就成为体现每一个前来练习场的消费者最基本的人文素养与行为规范。

一、高尔夫练习场的着装礼仪

高尔夫练习场虽然与高尔夫球场有着不同的功能表现，但是，二者具有相同的人文基础与价值取向。练习场由于其社会的开放性比高尔夫球场更强，社会化程度更高，因此，它的相关消费者（球员）更应注重在此环境中的个体形象与高尔夫人文精神的一致性。概括起来讲，高尔夫练习场的着装行为规范主要体现在以下方面。

（一）具有高尔夫球场相同的着装礼仪

高尔夫练习场的着装礼仪与高尔夫球场具有相同的人文基础，即按照高尔夫运动长期形成的"约定俗成"的群体意识，男士上衣应穿带领子的 polo 衫，裤子穿休闲西裤或短裤，不要穿背心、圆领衫和牛仔裤在练习场打球。女士不可以穿吊带的上衣和时装短裙，或过于突出个性化的服装，可以穿运动短裙与短裤。当球员在打位上练球时，应穿高尔夫专用球鞋或运动鞋。在任何情况下，男女消费者都不应穿背心与拖鞋进入练习场。

（二）着装既要符合练习场人文环境又不失个性化表现

高尔夫着装礼仪是高尔夫标志性的"文化符号"，也是最能体现高尔夫人文特色的文化创造。从一种文化消费的角度讲，高尔夫练习场虽然是高尔夫球场的"替代性"产品，但是，高尔夫球场礼仪和高尔夫运动所倡导的精神取向，同样适用于高尔夫练习场。因此，人们的着装礼仪既要符合高尔夫人文环境的氛围，也要表现球员的个性化行为。消费者（球员）不要穿着太过于彰显个性的且与高尔夫人文环境不相符的服装。

二、高尔夫练习场的安全礼仪

《高尔夫球规则》在"球场安全"规则中对球员的行为表现有明确的规定和要求，高尔夫练习场虽然在场地的功能上与高尔夫球场有很大的不同，但是，对安全礼仪的行为规范却是相同的。高尔夫练习场安全礼仪的行为规范，通常包括以下方面的要求。

（一）打位上的安全意识

球员在打位上挥杆击球的过程中，要注意在挥杆的周围没有其他人员站立。一般情况下，练习场在打位挥杆安全范围内有一条黄色或者红色的线，提醒消费者不要在黄线或红线以内走动，也提醒正在挥杆击球的练习者，在有人走动的情况下不要做挥杆击球动作。有些练习场经常有消费者带着朋友、家人或小朋友来体验高尔夫，互相指导技术，走动频繁，这种情况不仅在自身的安全方面有很大的隐患，而且会对其他球员造成影响。因此，应尽量劝阻带领不打球的小朋友进入高尔夫练习场，对小朋友来讲高尔夫练习场是一种"高危"场所。

（二）不要进入场地内的草坪上打球

在高尔夫练习场，练习打位是球员挥杆练习的专门区域，而有些球友喜欢走出打位到场地中的草皮打球，这种情况是极不安全的，也是违背高尔夫运动保护环境的精神宗旨的。因此，在任何情况下，球员都不要离开打位进入场地内打球或者捡球。

三、营造练习场良好的人文环境

高尔夫练习场作为高尔夫运动社会化发展与文化传播的重要载体，维护良好的高尔夫人文环境，营造和谐、高雅、健康、文明的社会场所，不仅是练习场经营者的职责，也是每一位高尔夫球员和爱好者自觉的行为表现。因此，在高尔夫练习场应该维护高尔夫人文环境的行为礼仪。

（一）不要在高尔夫练习场大声喧哗

《高尔夫球规则》规定，当球员准备和正在击球的过程中，其他球员应保持肃静的状态，不要发出任何声响，以免影响球员的击球。高尔夫练习场是高尔夫运动整体社会发展的组成部分，也是推进高尔夫文化与传承高尔夫精神的重要场所，人们应当自觉地遵守《高尔夫球规则》的相关规定，不在练习场大声喧哗，不制造影响其他练习者挥杆击球的各种噪音，手机应调到静音或震动，而接听电话也应当放低声音，或离开练习场接听。有些球员出于对他人的鼓励，经常大叫"好球"，这种声音是对周围练习者的一种干扰，往往会引起大家的反感。因此，在练习场练球时，不大声喧哗是每一位球友最基本的人文素养。

（二）不要带宠物进入练习场

宠物是人类的朋友，但也应注意不应把它带到高尔夫练习场。因为宠物往往会因主人疏于管理而跑进练习场草坪，导致全场球友因此而暂停打球，造成球友与宠物主人的难堪。如果球员无意将宠物带到了练习场，应在安排好宠物之后再进行练习，不要只顾自己练习，任凭宠物到处乱跑，给其他球友造成各种不便。

（三）注意个体在公共场所的形象

从高尔夫文化创造的价值来讲，高尔夫礼仪具有塑造个体社会形象的积极作用。高尔夫练习场作为高尔夫文化的基本承载体，每一个球员都有责任与义务承担起高尔夫文化的传播与推广，因此，在高尔夫练习场的各项活动，也应注意自身的形象表现。

第一，与其他球员交流应保持礼貌与谦让，讲话交流的声音不应影响到周围的练习者，手机应调整到静音或震动状态，不要大声接听电话，要主动到不影响周围练习者的地方接听。

第二，不随地乱扔纸屑、果皮和烟头，喝完的饮料瓶应主动放入垃圾桶内。

第三，当在座椅上休息时，也应注意自己的形象，不要半倚半靠、脱了鞋跷着"二郎腿"、男士脱去上衣擦汗等，这种形象与周围环境是极不相称的。

四、爱护练习场的设施

高尔夫练习场的基本设施具有社会公共设施的属性，每一个消费者都有使用的权益，以及加以保护不被损害的责任和义务。

（一）保护练习场果岭

高尔夫练习场果岭，是专门为消费者提供果岭练习推杆的专用场地，从场地使用的强度讲，要远远高于高尔夫球场果岭。因此，注意保护是每一位消费者的责任和义务。练习者在果岭上要轻柔行走，切记不在果岭上跑动，走动迈步时需将双脚抬起，以免因拖曳而在其表面留下划痕。

（二）保护练习场沙坑边际的草坪

练习场的沙坑是专门为消费者提供沙坑切杆练习的专用场地，由于练习场的沙坑与练习果岭都属专门用于推杆和切球的练习场地，使用强度很大，每天都要进行相应的维护与保养，因此，球员在练习时一定要自觉保护沙坑边际的草坪，在进出沙坑时一定要格外小心呵护。

（三）保护练习场打位的相关设备

许多练习场为方便消费者打球，采用一些方便球友使用的设施与设备，比如半自动的放球器、球 Tee、球盒（筐）等。球友在使用时，应注意细心呵护，避免使用不当造成损坏。而对于练习场的一些其他辅助性练习设备，如挥杆练习器等，要在练习场教练员的指导之下使用，避免使用不当造成身体受伤或器材损坏。如果是初学者，对租用的练习场的球杆要在教练员的指导下使用，而对于球员使用一号木杆，要根据练习场的实际情况，以及自己的技术水平适时使用，避免使用不当造成球飞越挡网出现安全事故。

第三节 观看高尔夫比赛观众的基本礼仪

高尔夫比赛不同于其他体育比赛，观众在现场观看时既可以享受球员精彩的球技，又会对球员在比赛中绅士风度表现大加赞赏，还会在比赛过程中对球员的精湛技术表现和良好的球场礼仪风范，产生行为意识的迁移和心理影响。因此，高尔夫比赛的人文环境是其他体育比赛所看不到的。作为一名观众自觉维护与遵守高尔夫比赛的礼仪规范，也是高尔夫比赛重要的人文基础和文明素养与文明举止的重要体现。

一、观看高尔夫比赛观众的基本礼貌与行为规范

在许多体育比赛现场，有些观众的行为往往会产生对运动员的严重影响，以至于造成令人尴尬的事情。比如：当年斯诺克大师赛第一次登陆上海时，现场的不少观众的闪光灯一刻也没有停止过，以至于赛后国外球员对观众的行为做出了猛烈的批评。而高尔夫比赛也在国内许多比赛中出现过令人尴尬、使球员沮丧的事情，当年泰格·伍兹在上海汇丰世界锦标赛上，一个闪光灯让伍兹打出了难堪的啃地球。因此，高尔夫礼仪并不是仅仅针对那些在场上打球的球员，而对场外观看比赛的观众也有礼仪礼貌的要求。

高尔夫比赛由于是在特定的运动环境进行，观众对在观看时应该携带什么物品或应当注意哪些问题可能不甚了解。通常情况下，在观看职业高尔夫或业余高尔夫比赛时，着装和应该携带的物品，以及应注意的事项有以下几方面。

（一）观众观看比赛的着装

观众观看高尔夫比赛的着装，应当与高尔夫运动的着装礼仪相适应，即男士应穿着有领、有袖恤衫，长裤或系腰带的短裤；女士可以选择的余地更大一些，比如穿着有领恤衫、过膝裙装、短裤。应避免穿着牛仔裤或紧身、超短及过于暴露的服装。由于观看高尔夫比赛需要长时间在室外行走，男女观众应穿着舒适耐磨的运动鞋。为保护球场草坪，女士在观看比赛时，请勿穿着高跟鞋进入比赛现场。

（二）观众观看比赛可携带的物品

观众在观看高尔夫比赛时，哪些东西可以携带入场，而哪些东西是不可以带入的，这关系到观看高尔夫比赛的基本礼仪。

1. 观众可携带入场的物品

观众在观看高尔夫比赛时，可携带饮用水、太阳镜、遮阳帽和防晒油。遇到阴雨天气应携带防风衣和雨具，或防雨外套。

2. 观众不应携带的物品

观众观看高尔夫比赛时，出于球场礼仪与安全的原因，不应携带危险品、武器（包括各种管制刀具）和照相机进入赛场。如果携带了照相机，只能在非记者拍摄区以外拍照，且必须关闭闪光灯。

（三）观众手机使用的球场礼仪

高尔夫球场有关手机使用的礼仪规范，在《高尔夫球规则》中有明确的规定，为确保选手正常比赛，高尔夫赛场上严禁使用手机。如果观众必须携带手机进入赛场，一定要确保手机处于静音状态。如果观众接听手机，一定要在远离赛场和球员的地方接听。如果不顾及手机使用的规定，可能会遭到赛事管理人员的驱赶。

（四）遵守观众观看比赛路线和区域的规定

《高尔夫球规则》对比赛场地有明确的规定，根据这些规定赛事主办者在比赛开始之前会设计出观众观看比赛区和行走路线。因此，观众可以在进入比赛场区时领取选手出发表和球场地图，以便随时了解自己所喜爱选手的行程和本人的所在位置，并可以跟随所喜爱的球手走 18 个洞，也可以在某个固定的地点观看所有球手依次经过情况，这可以根据个人的喜好而定。但在任何时候都要听从赛事工作人员的安排和疏导，绝对不可随意进入球道，这是观看比赛最忌讳的。此外，观众还应自觉地保持球场的整洁，随时清理好垃圾，要像参赛球员一样表现出自己的绅士风度。

二、观看高尔夫比赛观众的行为规范

观看高尔夫比赛，不仅是一种对高尔夫运动心理倾向的选择，也是观众人文素养的基本体现。遵守高尔夫球场礼仪，是每一个热爱这项运动的观众理应体现的基本行为规范。概括起来，这些行为规范主要体现在以下方面。

（一）当球员击球时观众的行为规范

1. 当选手准备击球时应保持静止站立

无论是在发球台附近，还是在球洞区通道或果岭周围，当球员准备击球或推击球时，观众应保持静止的站立，切勿随意走动，不发出任何声响。

2. 在一组每一位球员击球完成之后再离开

"尊重他人"是球场上的基本礼仪

当一组球员没有全部完成击球时，观众应保持在静止的位置上，等所有球员都完成击球之后再走动。有些观众可能是某位著名球员的"追星"，当球星完成击球之后，观众往往会离开球洞区或者发球区开始向前方走动，而不是继续等待同组的球员全部完成击球，这是一种很不尊重球员的行为，也是与观看高尔夫比赛球场礼仪相违背的。要尊重每一位球手，不要在他们正在击球时开始走向另一个地方。

（二）观众在球场选择观看地点的行为规范

在高尔夫比赛过程中，尤其是职业高尔夫比赛，观众是可以跟随球员观看比赛的，当某位著名球星比赛时总会有众多球迷跟随观看。但是，在观众"一往情

深"地"追星"看球时，不应忘记观看比赛的礼仪规范。

第一，遵守赛事组织者有关观看比赛的路线和区域规定，不要跨过隔离线到球场中走动，这样做既不礼貌，也不安全，要自觉地在隔离线以外沿着观看比赛的路径行走。

第二，在发球台，即果岭附近观看比赛时，不要在球员准备击球的过程中走动，虽然此时是在观看比赛的指定区域，但是走动会发出声响，并会直接影响到球员的击球动作。

(三) 保护球场环境也是观众的责任和义务

"保护环境"不仅是对高尔夫球员行为礼仪的基本要求，也是每一位观众所应具备的基本素养。观众在观看比赛的过程中，经过草地时不要蹂、踩草坪，不要移动球场的标志物，更不要进入水障碍和沙坑。对于女士来说，穿高跟鞋观赛不仅不利于长时间、远距离徒步，更会时不时地陷入草地的泥土中，既伤害球场的草皮，又会给自己造成安全隐患。因此，观看比赛时，自觉遵守观赛的各项礼仪规范，才能为球员创造更有利于发挥技术水平的环境和条件。

三、观看高尔夫比赛观众应注意的安全行为规范

"安全礼仪"无论是高尔夫球员，还是到高尔夫球场观看比赛的观众，都是需要大家自觉遵守的球场基本礼仪。观众在观看比赛时，有关安全方面的球场礼仪，主要体现在以下方面。

(一) 不穿越球道或在球道上行走

在高尔夫比赛中，观众应当在指定的区域观看比赛，或在有隔离线的球场外侧行走。观众进入球道或者横穿球道是很危险的，也是不礼貌的行为。因此，应在指定的区域观看比赛，在规定的路线上行走。

(二) 不在球场的敏感区走动

高尔夫球场是集自然的地形地貌与人文设计理念为一体，在球场中有许多保

留着自然生态的地形和植被。观众在高尔夫球场观看比赛时，不应在球场的敏感区域，如河畔、草丛、池塘、泥潭等区域行走或追逐小动物等，这种行为不仅存在着很大的安全隐患，也是比赛组织者不允许的行为。

（三）听从赛事管理人员的指挥

高尔夫比赛中，除了赛事裁判人员之外，还有许多维护球场安全和比赛秩序的管理人员和志愿者。由于他们出色地工作，才能保障比赛在井然有序的环境下使球员充分发挥个人技术水平。因此，观众在观看比赛时，一定要听从比赛管理人员、志愿者的指挥和管理，以自觉的行动和良好的文明意识，营造一个符合高尔夫文化特征的比赛环境。

案例分析：

大卫·豪威尔的行为说明了什么？

大卫·豪威尔，是世界职业排名前20位的英国职业高尔夫球员，曾先后4次在欧洲巡回赛中夺得冠军，两次作为欧洲联队的成员出征"莱德杯"比赛。对于许多中国高尔夫球友来说，要了解大卫·豪威尔的不仅仅是他在世界高坛出色的成绩，更有着一个在中国大陆曾让我们汗颜的故事。

时间：2006年4月24日。

地点：中国广东省顺德君兰高尔夫俱乐部。

比赛名称：中国"美的"男子职业精英挑战赛。

故事扫描：

大卫·豪威尔作为外卡球员，应邀参加了本次比赛。在第二轮比赛中，他来到第13号球洞。这时观众在发球台附近扔了一些矿泉水瓶，人们似乎对这些矿泉水瓶的存在没有任何的反应。而此时的大卫·豪威尔就像是一个清洁工，不作声地捡起这些矿泉水瓶，像田径运动员那样快速地跑到30米开外的垃圾箱，丢进垃圾箱又跑回发球台。这时人们才有所觉察，并开始对他的举止给予赞扬。他还在气喘吁吁的情况下，却没有任何暂缓开球的申诉，毅然从容地开球。但是，由于身体不稳定造成开球后的落点不理想，而他仍然没有任何怨言，就像什么事情都没发生一样。此时沉寂的人们开始把最热烈的掌声送给这位处处彰

显英国绅士的"帅哥"。同时，人们看到他依
然不忘向人们脱帽还礼表示谢意。这一洞，大
卫打出了加1的成绩，原因自然与开球的不稳
定有直接关系，但是，我们相信大卫绝没有因
为捡起矿泉水瓶而懊悔，因为他以实际行动证
明了他是一位真正的绅士。

大卫·豪威尔的行为，也许并不是一个惊
世之举，但是他的行为却彰显了高尔夫运动精
神的实质。在当代世界体育运动的发展进程
中，高尔夫运动开创了将"礼仪与礼貌"纳入
运动规则的"先河"。《高尔夫球规则》第一
章对高尔夫运动精神的诠释，奠定了高尔夫运
动发展的文化基础。

绅士之举给人留下"美的"传说

　　小结：高尔夫礼仪作为高尔夫运动标志性的"文化符号"，自始至终都伴随
着这项运动不断发展，并逐渐形成了推动高尔夫文化社会发展的重要推动力。本
章着重介绍了高尔夫礼仪在不同实践中的运用，其中第一节重点介绍了高尔夫球
场的基本礼仪规范，从发球区礼仪、球洞区通道礼仪、球洞区礼仪和障碍区礼仪
等方面，详细地介绍了高尔夫球员应该体现的礼仪行为规范。第二节高尔夫练习
场基本礼仪，着重从着装礼仪、安全礼仪、营造人文环境、爱护练习场设施等方
面，介绍了在高尔夫练习场应该体现的礼仪规范。第三节着重介绍了观看高尔夫
比赛的观众礼仪规范，从观众的基本礼貌与行为规范、观看比赛的观众行为规
范、观看比赛时的安全行为规范等方面，详细介绍了作为观看高尔夫比赛的观众
应该体现的礼仪行为规范。通过本章介绍，使学生对高尔夫运动的不同实践应该
遵守的礼仪行为规范，有了一个全面的认识与了解。

　　思考题：

　　1. 高尔夫球场的基本礼仪规范。

　　2. 高尔夫练习场的行为礼仪规范。

　　3. 观众观看高尔夫比赛的行为规范。

本章作者：谢培山　张　敏

第八章　高尔夫俱乐部
不同岗位的服务礼仪

内容提要：高尔夫俱乐部是为高尔夫消费者所设立的用于高尔夫运动实践和提供专门服务的经营实体，它根据自身的资源与市场环境（需求）之间的关系（供求），经过专门设计并通过价值转化的经济方式，为消费者提供具有针对性的服务。而高尔夫球童是为高尔夫消费者（会员）提供专业、优质服务的专门人员，他们的服务质量，是高尔夫俱乐部服务质量的重要体现。因此，高尔夫俱乐部球童具有良好的服务礼仪素养，才能在为客人服务的过程中，发挥企业形象的窗口、高尔夫文化的传播，以及高尔夫礼仪执行者的基本功能和作用。本章着重介绍高尔夫俱乐部服务质量与服务礼仪的特点，以及不同服务岗位的服务礼仪的运用方法与规范。

关键词：俱乐部服务质量；不同服务岗位；服务礼仪；运用方法。

第一节　高尔夫俱乐部的服务质量与服务礼仪的特点

在现代社会发展进程中，服务是具有无形特征却可给人带来某种利益或满足感的可供有偿转让的一种或一系列活动。服务通常是无形的，并且是在供方和顾客接触面上至少需要完成一项活动的结果。高尔夫俱乐部是为高尔夫消费者所设立的用于高尔夫运动实践而提供专门服务的经营实体。高尔夫俱乐部经营的内容是高尔大球场，或其他与高尔夫运动相关的物质产品和非物质性的服务产品。因此，高尔夫俱乐部与其他社会服务行业相比，既有一般服务产品的基本特征，又有高尔夫俱乐部服务产品的特殊性。

高尔夫俱乐部服务质量，是反映企业专业服务能力与服务管理水平的客观体现，这其中既包括了高尔夫俱乐部应具备的专门的服务设施与设备条件，也包括了运用服务设施，向消费者提供高尔夫运动专门服务的相关人员的服务方法与能力表现。而高尔夫服务礼仪，就是俱乐部不同岗位服务人员理应具备的服务技能与基本服务素养。

一、高尔夫俱乐部服务质量的特点

(一) 服务质量的可感知性

对于高尔夫俱乐部来讲，每一次提供给顾客的服务都是一个使顾客满意或者不满意的机会。而顾客对俱乐部所提供的服务的满意程度是通过顾客的感知而体现的。当顾客对服务过程的感知超出期望时，服务就会被认为特别好（有质量），顾客本人也就会产生欣慰与快乐的生理与心理感受；当俱乐部的服务没有达到顾客的期望时，其服务注定是不可以接受的，或者服务质量是不可以接受的；当顾客的期望与接受服务的感知是一致的，其服务质量也就自然是令人满意的，顾客同样会产生身心的愉悦。

(二) 服务质量评价的主观性

高尔夫俱乐部为顾客所提供的服务，具有符合高尔夫运动实践的专业性的基本特征。但是，顾客对服务的执行者（如球童）所完成服务质量的评价，又往往受到顾客对高尔夫运动的认知程度的影响，以及顾客本人主观期望和感知作为判断服务质量的基本标准。对于相同的服务水平，由于不同顾客对高尔夫运动实践的认知差异，或者个性特征的影响，往往会产生截然不同的服务质量评价效果。因此，高尔夫俱乐部作为为顾客提供专业化服务的经营实体，其服务质量受顾客主观因素的影响。

(三) 服务质量的全过程性

高尔夫俱乐部的服务质量，是一个过程的质量。由于高尔夫俱乐部所提供的服务与消费是一个不可分割的整体，消费者是要在消费过程之中（打球的过程中）来体验与感受服务质量，因此，服务质量也就体现在俱乐部为顾客所提供的每项服务的过程之中。比如，高尔夫俱乐部为顾客更好地体验高尔夫球场的自然与人文情趣，所提供的高品质的草坪护养，以及专业化的球童服务等，都是需要顾客在消费（接受服务）的过程中感受与体验的。

（四）服务质量的整体性

高尔夫俱乐部作为为顾客提供高尔夫运动实践的专门服务的经营实体，其服务产品的设计是一个事关不同职能部门共同努力的结果，因此，服务质量也就自然反映了俱乐部所提供的服务产品的整体性。当顾客接受俱乐部所提供的相关服务产品时，既有前台服务的热情接待，也有出发台专业、热情的服务安排；既有竞技部合理周到的球童迎接，也有球童专业优质的下场服务；既有餐厅、更衣室等部门的热情服务，也有场地部后勤保障性服务。总之，高尔夫俱乐部的服务产品质量是一个多职能部门协同配合的结果，具有整体性的基本特征。

二、高尔夫俱乐部服务礼仪的特点

高尔夫俱乐部服务礼仪，是高尔夫俱乐部服务人员所应具备的专业素质和基本条件，是高尔夫俱乐部不同岗位的服务人员，在为消费者（会员或非会员）服务过程中，能够按照服务岗位的职责要求和高尔夫运动所倡导的精神，自觉地表现出良好的仪表、仪容、仪态，以及语言与服务操作的行为规范。

高尔夫俱乐部服务礼仪，既有一般服务行业普遍性的礼仪要求，也有高尔夫运动所倡导的精神实质，对高尔夫运动行为礼仪的专门要求。概括起来有如下特点。

（一）高尔夫俱乐部服务礼仪的标志性

高尔大俱乐部服务礼仪的行为表现，具有符合高尔夫运动的基本规律，以及高尔夫运动精神基本要求的行为特征。高尔夫俱乐部服务的对象是体验与感受高尔夫运动的消费者（会员或非会员），因此，遵循高尔夫运动规律和《高尔夫球规则》的要求，是俱乐部服务礼仪的重要基础。由于高尔夫俱乐部不同岗位的服务，是以满足消费者打球的基本需求为目标，所以，各项服务的礼仪表现（如接包球童、下场球童、出发台等）具有高尔夫运动标志性的行为特征。

（二）高尔夫俱乐部服务礼仪的可操作性

在高尔夫俱乐部不同岗位的服务过程中，每个岗位的服务流程与服务规范，是俱乐部根据不同服务岗位的实际要求而设计的，因此，在服务于客人时，服务人员的服务礼仪，是随着服务人员的服务过程与方法而表现出来的，因而具有服务过程的实际可操作性。

（三）高尔夫俱乐部服务礼仪的文化延伸性

高尔夫俱乐部作为服务行业的专门经营实体，企业的经营理念与经营目标，既体现了企业市场经营性质的普遍性特征，也反映了高尔夫作为西方文化"舶来品"的行业特征与文化属性。因此，俱乐部在构建与塑造企业文化时，往往会把高尔夫运动精神作为企业文化的重要体现，并与企业自身的特点形成有机的融合。所以，俱乐部在传播高尔夫文化的过程中，也往往把高尔夫礼仪的特殊表现方式与行为规范，作为企业文化的重要内容。

第二节　高尔夫俱乐部服务礼仪运用的方法与规范

高尔夫俱乐部服务礼仪的行为表现，具有服务岗位与服务礼仪的多样性，不同的服务岗位由于服务内容与方法，以及服务标准的不同，因此反映在服务礼仪的行为表现也各具特点。

一、高尔夫俱乐部不同岗位服务礼仪的特点

高尔夫俱乐部虽是为消费者（会员和非会员）提供体验与感受高尔夫运动专门服务的经济实体，但是它为消费者所提供的专门服务，具有服务岗位、服务方法和服务标准的多样性，而且不同岗位的服务礼仪也具有不同的行为表现。

（一）高尔夫俱乐部迎（送）宾服务礼仪

高尔夫俱乐部的迎（送）宾服务，通常是指俱乐部门童迎（送）宾服务和接

包服务两项基本服务内容。由于各高尔夫俱乐部会所的设计与功能不同，门童的迎宾服务和接包服务的岗位要求和服务礼仪的体现也各具特色，但是这种服务作为俱乐部服务的第一个服务岗位，是俱乐部非常重要的形象窗口。

俱乐部迎宾服务的礼仪主要有以下特点：

1. 迎宾与送客服务的一致性

按照俱乐部服务的岗位设置，通常是迎宾服务和送客服务由同一个岗位完成，因此，服务人员（门童）承担着双重的服务功能。

2. 服务礼仪简约

由于门童迎宾和送客服务的功能明确，服务过程短暂，因此，要求门童服务礼仪主要体现在服务礼貌用语的规范性。

3. 服务方法快捷稳妥

门童迎宾服务的一项重要内容是从顾客车辆中取（放）球包。这项服务工作要求门童开（关）后备箱门要轻，球包取（放）要轻拿轻放，稳妥安全。

（二）俱乐部前台服务礼仪

高尔夫俱乐部前台服务，承担着俱乐部为会员和非会员打球开卡、消费结算的服务功能。因此，前台服务具有俱乐部其他服务岗位所不同的礼仪表现。通常情况下俱乐部前台服务礼仪主要体现如下特点：

1. 主动热情，使用标准礼貌用语

无论是顾客打球开卡，还是消费结算，前台服务都应按照规定的礼貌用语，主动热情地招呼顾客。要在顾客进入服务范围之内的第一时间，就向他们表示问候。

2. 开卡与结算应准确、快捷

前台服务所用时间，是评价俱乐部服务质量的重要内容。因此，前台服务按照服务流程的标准与规范，做到准确、快捷。如果遇到服务时间超过预期的延误，应及时向顾客说明情况，并请顾客给予谅解。

3. 热情接受顾客咨询

俱乐部前台服务，往往也承载着俱乐部其他服务咨询的功能。因此，如遇顾客对俱乐部服务相关问题的咨询，应主动热情地向他们解答相关问题的咨询。切记不能生硬地拒绝顾客的咨询，这是俱乐部服务礼仪之大忌。

(三) 俱乐部出发台服务礼仪

出发台服务，是顾客由会所的前台接待、打球前的准备，转入球场打球，以及打球结束后转入会所服务的重要的中转服务岗位。出发台是根据球场顾客流量的分布情况，为顾客下场提供场地调配与配置球童服务，以及顾客打球结束后对其球杆整理的服务。因此，在为顾客提供的这种服务礼仪，主要体现有如下几方面的特点。

1. 超前服务，热情周到

出发台根据前台服务内部管理网络信息，在顾客到达出发台之前，及时做好顾客出发前的各项准备，确保顾客达到出发台时能及时、快捷地转入球场打球，并做到主动迎接、热情周到，使顾客能怀揣一个好心情进入球场。

2. 球童精神饱满，准备工作周到细致

球童服务是俱乐部运营的重中之重，球童在为顾客的首轮服务中，应表现出良好的精神面貌，以主动热情的服务语言和服务方法，为顾客做好下场前的准备，这是球童服务与顾客建立良好的服务关系最重要的一步。

3. 礼貌用语规范，服务流程严谨

出发台服务与球童的首轮服务，通过规范的服务语言，向顾客清晰地表达服务信息，并按照服务流程，完成出发台中转服务的基本内容。

(四) 球童服务礼仪

球童服务是体现高尔夫俱乐部专业、优质服务最重要的服务岗位。球童的服务工作不仅需要专业化的服务技能，更要具备良好的服务素养与服务礼仪。因

此，球童服务礼仪主要反映了如下特点。

1. 专业技能与服务素养相融

球童在顾客打球的服务过程中，专业技能是保证优质服务的重要基础。因此，从球童的服务的职责要求来讲，为顾客打球准确提供球场中不同环境、不同区域的相关信息，使顾客有针对性地采取不同的打球策略，这是以球童的专业技能为基础的。

服务素养是球童通过专门培训和自我的不断总结与完善，在为顾客服务的过程中所体现出的行为意识与方法。球童的服务素养与专业技能，是球童服务质量的重要体现，二者是一个统一的整体，是球童服务岗位的最基本的体现。

2. 服务流程与服务规范并重

球童服务既有体现个性化服务的技巧与方法，也有严谨规范的标准化服务要求。因此，球童在为顾客的服务过程中，按照事先设计好的服务流程，以及每一个服务环节的服务规范进行，这是球童服务礼仪最基本的体现，也是体现球童服务质量的重要评价指标。

3. 礼貌用语与专业术语并用

礼貌用语是服务行业最基本的服务用语，而高尔夫球童的专业服务不仅要使用体现一般服务行业最基本的服务用语，还要根据球童服务的性质与特点，按照高尔夫运动的基本规律，正确使用专业规范的运动术语。二者在为顾客提供下场打球的服务过程中，应当合理地、具有针对性地运用。

二、高尔夫俱乐部主要岗位服务礼仪运用的规范

高尔夫俱乐部是为会员或顾客体验和感受高尔夫运动过程提供专门服务的企业。其各个服务岗位都有其不同的功能与要求，概括起来讲，不同服务岗位的服务礼仪规范，主要体现在以下方面。

（一）迎（送）宾接包服务礼仪规范

1. 在岗待客时的礼仪

在岗的门童装（卸）球包服务，应着装整齐，不倚靠物体站立，不与他人闲聊，随时保持迎宾接包的服务准备。此时，服务人员应保持重心不左偏右移，女生双脚呈小 V 字形站立，男生可成跨立姿势站立，挺胸收腹，双肩自然舒张，忌身体懒散地扶臀而立，忌双臂交叉或斜倚某处，双手自然握紧，埋住大拇指置于小腹外，勿将双手插于口袋内，双目平视，面带微笑，勿左顾右盼。

2. 装（卸）球包服务时的礼仪

门童做装（卸）球包服务时应轻开（关）顾客车辆的后备箱或车门，取出球包时应先抬起球包上端，再托起球包后部；移出后备箱时不应擦碰后备箱门；放置球包时应先放置球包后部，再将球包前段放下，不要"强挤强塞"，避免损坏球杆。

3. 门童迎（送）宾服务的礼仪

有些高尔夫俱乐部设有门童迎宾服务，在顾客到达大门之前，应保持在岗待客的行为规范。当顾客走进大门之前，应主动拉开大门，上体微微前倾，同时用规范服务口语迎接顾客，此时常用的服务礼仪用语是："您好！欢迎光临"。如果顾客手中有衣物包，可以主动向顾客示意"我可以帮您拿吗？"如果客人允许，应接过衣物包并陪顾客到达前台接待处，离开时应以"祝您打球愉快"结束门童迎宾服务；如果顾客没有示意接包，则应保持在原地点头示意，并预祝顾客打球愉快。

门童看到顾客要离开俱乐部会所时，应主动拉开大门，此时的服务礼仪用语是："您慢走，欢迎再次光临！"

（二）前台接待服务礼仪规范

1. 在岗待客礼仪

前台工作人员在岗待客时，应保持良好的精神面貌和开朗心态。女性服务人员应化淡妆，穿着不浮夸（一般应着俱乐部工作装），同时保持规范的待客站姿。

2. 顾客接待礼仪

当有顾客来临时，应主动打招呼，上体微微前倾。此时的服务礼仪用语为"先生（女士）您好！欢迎光临""先生（女士），请问您预订的时间？"当从预约订场的时间中查询到是哪位先生（或女士）订场时，应主动表示"您是××先生（女士）定的×时的场。"并双手将客人消费卡及衣柜钥匙牌递交给客人。如果是多位客人，可以一并交给订场的那位主客。

3. 顾客结账接待礼仪

当有顾客离开俱乐部前到前台结账时，前台服务人员应主动打招呼。此时的服务礼仪用语为"先生（女士）您好！您辛苦了！"并双手接过顾客的消费卡和衣柜钥匙，此时的服务用语是"请您稍候"。为了营造此时与顾客的和谐气氛，也可以在结算过程中善意地询问"您今天打球还好吗？"并根据顾客的态度，选择与顾客进一步交流的话题。结算完之后，要礼貌送客，此时的服务礼仪用语是："您慢走，欢迎再次光临！"

（三）出发台服务礼仪规范

1. 出发员服务礼仪

出发员在岗待客时，应当保持良好的精神面貌，按照俱乐部运营管理的规定和要求，随时保持接待客人的服务状态。当客人到达出发台时，应主动迎客并热情向客人打招呼。此时的服务礼仪用语是"您好！请问您预订下场的时间？"当等到客人的回复时，应迅速在客人打球预订的时间安排中找到相应的客人；如果客人预订的时间尚未到，或者此时出发台准备下场的客人较多，应礼貌地招呼客人稍候。此时的服务礼仪用语是"您好！请您稍候。您可以在练习果岭上练习一下推杆，一旦有下场的时间我们马上通知您"。如果客人是在预订时间到达的，此时应立刻通知待场球童迅速到达服务岗位。

2. 出发前的球童服务礼仪

球童在接到下场服务指令的第一时间，应精神饱满，仪容整洁，仪态大方，携带好全部服务工具与用品，到达出发台前，并主动、热情、面带微笑、自然亲切，使用规范的礼貌用语问候客人。此时的服务礼仪用语是"先生（女士）早上好！我是为您服务的球童××号，很高兴能为您服务。请问哪一个球包是您的?"

在球童确认客人的球包之后，应按照服务流程的要求检查客人球包内的球杆数量，并及时将检查的数量通报客人。此时的服务礼仪用语是"先生（女士）：您的球杆是××支，木杆×支，铁杆×支，推杆×支，球杆套可以取下吗?"接着球童应按照出发前的服务要求，把客人的球包捆扎好，保证不存在安全隐患。

（四）球童在发球台上的服务礼仪规范

发球台是每一球洞打球的起始处，球童在此处的服务礼仪是根据在此的服务流程而确立的。

1. 球童出于安全需要的服务礼仪

球童出于安全的要求，提示客人不能打球或可以打球的服务用语，服务要符合球童服务礼仪的基本规范。此时服务礼仪用语是"对不起先生（女士），请您再稍等一等，等前组客人离开后再开球"。如果球童已确认前面一组客人离开不安全距离，但本组球员的球却意外飞到前组球员的所在位置或前面，这时球童要记住，遇到有危险时要及时大声发出安全警示，高喊"看球!"

2. 球童介绍球道信息的服务礼仪

球道的长度、障碍区的位置、距离、界线等相关信息，是客人（球员）制定攻击策略的依据。例如：在 1 号球洞，该球洞蓝色发球台是 370 码，4 杆洞。球道的形态是"左狗腿"洞（盲洞），右侧 180 码的位置是沙坑，左侧有白色界桩，发球台上是顺风。此时，球童服务礼仪应该为：

先生（女士）：您好！这是 1 号洞，标准杆 4 杆（或 par4）；

距离 370 码；

球道是"左狗腿"，左侧有界桩（OB），右侧沙坑的距离是 180 码；

您对准沙坑左侧的球道中间位置打，过沙坑需要 200 码；

现在是顺风（可以从草皮上揪起一些草屑测试风向，向客人示意）。

球童介绍球道信息时，语音和语速应当与日常会话相同。既要体现礼貌、亲切，又要吐字清晰、流畅，切不可像背诵"乘法口诀"那样呆板和没有语言色彩。

3. 接受客人咨询的服务礼仪

在球童向客人介绍球道信息之后，客人往往会根据球童的介绍再进一步询问相关的信息。比如就上述举例而言，下面的内容是客人的咨询与球童的问答：

客人：如果我从左侧的界线（OB）穿过（捷径），要打多少码才能穿过？

球童：如果走左侧的捷径，您需要打 280 码。但 280 码的位置球道很窄，不容易控制球的落点，而且左侧有界桩（OB）不安全。

客人：如果我正常打，怎样才能安全？

球童：您可以对准左侧沙坑与右边界桩（OB）中间的球道打，200—260 码之间都属于最佳落球区。您可以用 1 号木杆开球。

客人：如果打过 260 码会怎样？

球童：260 码以外就是长草区了，球进入长草区下一杆就不好打了。您用 1 号木杆开球不用加力，现在是顺风，轻松打就可以（如果客人 1 号木杆技术较好，开球距离较远，可建议使用 3 号木杆）。

此时球童信息介绍服务礼仪总体上要做到：微笑亲切，但不失认真诚信；运用术语，但不失通俗易懂；接受咨询，但不失合理建议。

4. 为客人送球杆时的服务礼仪

当客人根据球童所介绍的信息和相关咨询确定打球策略之后，球童要为客人送递客人打球所需要的球杆和打球用品。球童为客人送递球杆的基本方法为：

取杆轻快，不失稳重；

握柄在上，杆头在下（仅限开球木杆）；

根据客人需要，及时送递相关用品（球、球 Tee 等）。

当客人确定使用的球杆之后，球童应迅速从客人的球包中取出相应的球杆，送至客人手中。此时的服务规范应该是：直接将球杆的握柄向上，以便客人直接握杆。通常情况下，开球木杆与其他球杆有非常显著的形态区别，客人不需要再看杆头上的字符，就可以确定球童所取的球杆是否是自己要用的球杆。

5. 选择观察位置的服务礼仪

球童选择观察位置应当离开客人击球时的视野范围；不要使自己的身影投射到客人打球线上；不要站立在客人打球位置的正面与后面或平行站立；站位的观察角度要与球道方向呈开放的角度。

6. 跟踪和判断飞行"弹道"时的服务礼仪

当客人打出好球时，或球的落点基本上属于正常的落球区域，此时球童应及时高喊"Nice shot"或"Nice ball"（好球！）。

如果球是向界外飞去，此时球童服务礼仪用语是："对不起先生（女士），您的球可能出界（OB）了，您可以再打一个暂定球。"

如果球飞进了水障碍区，此时球童的服务礼仪用语是："对不起先生（女士），您的球可能下水了，您可以到前边补球，或者您可以再打一个暂定球。"

如果球飞向了长草区，有可能遗失，此时球童的服务礼仪用语是："对不起先生（女士），您的球进入长草了，您再打一个暂定球吧。"

如果球进入了球道上的沙坑，球童的服务礼仪用语是："对不起先生（女士），您的球可能进沙坑了。"

球童向客人通报打球的落点时，对服务礼仪的规范表现总体上应做到：语气要委婉，不要使用生硬的语气表述球的状态；提示客人处理的建议要符合《高尔夫球规则》和场地规则；要善于引导客人使用《高尔夫球规则》进行补救处理。

7. 擦拭客人球杆和修补发球台草坪

客人击球之后，球童及时为客人擦拭球杆上的泥土和草屑，虽然是一项非常细微的工作，但是却是影响球童服务工作质量的重要的环节。因此，球童必须随身携带用于擦拭客人球杆的两样工具，一是小刷子，二是洁净的并保持至少一半以上湿润的抹布。此时球童服务的规范行为是：双手接过客人使用后的球杆；在客人离开发球台后，迅速对打球的痕迹填沙修补。如果球杆的杆头上有泥土，应首先用小刷子刷出，然后再用抹布擦拭。

（五）球童在球洞区通道上的服务礼仪规范

球洞区通道，不仅是发球台连接球洞区的基本途径，也是球员在打球过程中滞留时间最长、出现问题最多的区域。因此，球童按照球道服务的基本要求，遵循球道服务礼仪，才能达到使球员（客人）满意的服务目的。

1. 球道行进中的服务礼仪

当客人乘车（电瓶车）打球时，球童服务的核心就是在敏感的行经路段，为客人提供安全信息服务。在敏感的车辆行进路径，球童要善用安全提示的服务用语，提醒客人注意行车安全。

2. 到达停球位置的服务礼仪

在任何情况下，球童都必须非常清楚地知道自己服务的客人所使用的球，是什么品牌、有什么记号等，以便无论在何处都能及时辨认出是否是客人的球。当确认是客人的球之后，球童应根据球所在的位置，及时准确地向客人介绍适合客人下一次击球策略的相关信息，即距离球洞区的距离、建议攻击参照目标和距离、前方障碍物的位置和距离，以及风向等。

此时，球童在停球位置为客人提供服务的基本要求与礼仪规范是：

迅速确认客人的球，准确介绍相关信息；

接受客人的咨询，及时送递球杆（送递时应杆头在上，便于客人了解所要使用的球杆）；

选择在侧后方注意观察客人的击球，及时发出安全提示信号；

保护球道草坪及时填沙修补"打痕"；

及时擦拭客人球杆上的草屑和泥土，保证客人球杆的洁净。

3. 在沙坑位置的服务礼仪

当球在沙坑中时，球童要及时为客人提供沙坑击球的方向，并为客人送递沙坑挖起杆。在客人击球之后，球童应将客人球杆上的沙泥擦拭干净，并从击球方向的后侧进入沙坑，使用沙耙及时平沙。确保离开沙坑时，沙坑中无脚印和打痕，为后续客人提供良好的沙坑环境。

（六）球童在球洞区（果岭）上的服务礼仪规范

当球在球洞区（果岭）之上时，球童的服务要求与礼仪规范更显重要，其主要服务礼仪规范体现在如下方面。

1. 对客人推击线保护的服务礼仪

果岭上的推击线，是一个无形的连线，应当受到保护与尊重。球童在放置果岭标记（Mark）时，应从果岭上所有停球的后面绕到停球位置，不可以走捷径而踩踏客人的推击线。

2. 对其他客人尊重的礼仪规范

为客人放置球后，球童应站立在身影不影响客人推击球的两侧。如果球童执旗，则当客人推击的球开始滚动时拔出旗杆，并轻放在果岭上。当球在果岭上而同组其他客人准备推击球和正在推击球时，球童应保证身影不在客人的推击线上，并静止地保持在推击线两侧的静止位置。

3. 及时修复果岭上的"球痕"，确保其他客人不受影响

保护果岭是每一位打球客人的义务，更是球童服务的责任。球童及时修复果岭上的"球痕"，不仅是服务的要求，也是确保其他客人不受影响的礼仪礼貌的规则规定。

小结：高尔夫俱乐部是一种为会员和顾客体验与感受高尔夫运动过程的专门服务的企业。因此其服务质量与服务礼仪也就成为体现俱乐部企业形象与企业品质的重要内容。本章着重从高尔夫俱乐部服务质量与服务礼仪的特点、俱乐部不同岗位服务礼仪方法与服务规范等方面进行了详细的介绍。通过本章学习，使大家对高尔夫俱乐部的服务质量与服务礼仪特点，以及不同岗位的服务方法和运用有一个全面的认识和了解。

思考题：

1. 高尔夫俱乐部服务质量主要体现哪些方面？
2. 高尔夫俱乐部服务礼仪的特点。
3. 高尔夫俱乐部不同服务岗位礼仪运用方法与规范。

本章作者：李　丹　李　菲

第九章　高尔夫俱乐部商务礼仪

内容提要：高尔夫俱乐部具有休闲性、竞技性和社交性的服务功能，随着市场经济的深入发展，各种商务活动日趋繁多，商务礼仪的重要性也在各种以高尔夫运动为载体的活动中体现出来。因此，无论是从俱乐部运营的需要，还是俱乐部会员维护自身形象的需要，掌握高尔夫商务活动中的礼仪规范，是十分必要的。本章着重从高尔夫俱乐部产品营销服务礼仪、高尔夫俱乐部商务活动服务礼仪，介绍在高尔夫俱乐部不同的社会实践活动中应当如何运用现代商务礼仪的基本规范与高尔夫运动实践进行有效的结合。通过本章学习使大家对高尔夫俱乐部营销服务礼仪，以及高尔夫商务活动的礼仪规范有一个基本的认识和了解。

关键词：高尔夫俱乐部；营销服务；商务活动；服务礼仪。

第一节　高尔夫俱乐部营销的服务礼仪

高尔夫俱乐部为会员和顾客所提供的各项服务产品，不仅具有专业性的特点，而且产品的服务内容也具有不同的商业价值。从高尔夫俱乐部产品营销与服务的基本过程讲，与产品购买者如何进行有效的沟通与服务，其沟通技巧与服务礼仪具有非常重要的作用。高尔夫俱乐部在产品营销与服务过程中的沟通技巧与服务礼仪主要体现在以下方面。

一、与顾客和会员沟通的技巧与服务礼仪

高尔夫俱乐部营销人员能否运用现代商务活动中的基本礼仪，不仅反映出该员工自身的素质，也折射出该员工所在高尔夫俱乐部的文化底蕴和经营理念与管理水平。员工良好的营销服务素养与服务礼仪，不仅能拉近与客户的距离，减少顾客的疑虑，提高亲和力，而且能促使顾客产生购买行为与欲望，最终达成产品买卖交易。高尔夫俱乐部营销人员正确运用产品销售中的沟通技巧，不仅可以更多地更好地了解顾客（俱乐部潜在会员）的消费心理，更重要的是可以针对顾客

心理有针对性地设计销售策略，促进销售目标的实施与完成。以下是销售人员与顾客在沟通过程中应注意的技巧。

（一）营销人员与顾客沟通的技巧

1. 专心地倾听

当俱乐部销售人员在与顾客（俱乐部潜在会员）进行电话联系或是面对面交谈时，一定要专心而认真地听顾客的讲话，一定要带有目的地去听，从中发掘顾客有意或无意流露出的对俱乐部产品（会籍产品）销售有利的信息。在听的过程中适时地插问，一方面表达了对顾客的尊重和重视，另一方面有助于正确理解顾客所要表达的意思，确保销售人员掌握信息的正确性和准确性，以达到很好的沟通效果。

2. 细致地观察

观察的技巧贯穿于整个销售过程，尤其是在与顾客或会员建立良好关系时，细致观察顾客与会员对产品体验和产品服务的感受非常重要。在此过程中，会员的一个眼神、一个表情、一个不经意的动作，这些肢体语言都是他心理状况的反应，一个优秀的销售人员一定要善于把握，并适时地给予回应。同样，顾客和会员周围的环境，具体可以指他所乘坐的车辆以及穿衣的风格，也在一定程度上反映了该会员的行为模式，为如何与其建立长期关系提供了必要的信息。使用这些信息和销售人员自己的理解可以帮助销售人员建立与会员的关系，并决定下一步该怎么做。

3. 适当地提问

在获取一些顾客和会员的基本信息后，提问可以帮助销售人员了解会员的需要、顾虑以及影响他做出决定的因素。同时在沟通气氛不是很自然的情况下，可以问一些一般性的问题、会员感兴趣的问题，暂时脱离正题以缓解气氛，使双方轻松起来。时机成熟时可以问一些引导性的问题，渐渐步入正题，激发会员对产品的兴趣，引起会员的迫切需求。比如，如果顾客不及时购置该产品，很可能会失去机会，认为该项投资是非常值得的，通过引导性提问可以帮助解除顾客的疑虑，最终达到理想的效果。在与顾客和会员沟通的整个过程中，要与会员的思维进度的频率保持基本一致，不可操之过急，在时机不成熟时急于要求下单（签订购买协议），很容易造成会员反感，前功尽弃。但也不该错失良机，在该提出下单要求时，又担心遭到拒绝而贻误机会。

4. 简洁必要地解释

解释在销售的推荐和结束阶段尤为重要，在推荐阶段，为了说服顾客和会员购买产品、服务等做出解释和陈述，以达到销售目的。在谈判过程中，特别是销售接近尾声时，会涉及许多实质性问题，双方为了各自的利益会产生一些分歧，这就给双方达成最终协议乃至签单造成障碍，这些障碍需要及时合理地磋商和解释来化解。所要解释的内容不可太杂，只需包括为了达到解释目的的内容。解释要简明，逻辑性强。当需要解释细节时，应避免不痛不痒的细节，该展开的一定要展开，该简洁的一定要简洁，尤其在向会员推荐时，不能吞吞吐吐。

（二）与顾客沟通交流过程中的基本礼仪

现代社会分工的细化，使人与人之间的相互关系与合作越来越频繁和复杂，人与人之间的利益联系也变得越来越紧密和多变，这就要求俱乐部产品的营销人员一方面通过情感表达来及时、准确而有效地向他人展示自身的良好营销形象，以便求得顾客有效的合作；另一方面又通过及时识别顾客与会员的情感表达来及时、准确而有效了解他人的价值关系，以便更好地与他人进行合作。在此过程中，俱乐部产品营销人员与顾客和会员之间的沟通与交流的礼仪，显得更加重要。它是促进与顾客和会员的融洽和建立牢固的销售服务关系，赢得顾客和会员的信任的重要基础。因此，在与顾客和会员沟通交流时应注意以下行为礼仪。

1. 表情自然，语言和气亲切，表达得体

自然的表情，能为传情达意奠定良好的基础；和气的语言表达能拉近与顾客的距离；得体的客体语能增加与顾客的亲近感。因此，营销人员在与顾客交流（尤其是初次交流）时，无论是表情的传情达意，还是语气的和谐亲切和客体语的得体运用，都会为营销人员增添加分因素。

2. 适当运用手势语言，增强与顾客交流中的和谐气氛

手势语言，是社交礼仪中客体语的重要表达方式。适度运用手势语，不仅可

以完善语言的表述内容，还能突出表述内容的重点，以及增强销售人员的自信态度，使与顾客和会员的交流更显得得体与自然。但是，如果运用时机不恰当，表达方式过于夸张，反而会增加对营销人员的副作用。

3. 礼貌介入与顾客的谈话

当营销人员要介入正在谈话中的顾客或会员时，应礼貌地先打招呼，别人在个别谈话，不要凑前旁听。若有事需与某人说话，应待别人说完。第三者参与谈话，应以握手、点头或微笑表示欢迎。

4. 与女性顾客谈话应体现应有的尊重

如果交流的顾客和会员为女性，一般不要询问她们年龄、婚否，不径直询问对方履历、工资收入、家庭财产、衣饰价格等私人生活方面的问题。与女性顾客谈话最好不说对方长得胖、身体壮、保养得好之类的话。

二、对顾客和会员服务中的礼仪运用

高尔夫俱乐部的服务礼仪规范，是从俱乐部营销服务人员的仪容仪表开始的。俱乐部对员工的服务礼仪进行了系统的规范和指导，可以使俱乐部营销人员的整体形象得到提升，服务水平再上台阶，从而吸引更多的顾客加盟俱乐部。作为高尔夫俱乐部营销服务人员在服务提供中的礼仪规范，一般体现在以下方面。

（一）日常礼仪规范

作为俱乐部的营销人员应该牢记，提高会员的满意度是服务者的主要职责。因此，从日常服务礼仪的规范要求讲，要建立以下服务礼仪的行为意识。

1. 自然地微笑

营销服务人员要让微笑贯穿整个服务过程中，没有微笑的服务是不完美的服务，而微笑的服务是拉近与顾客和会员距离的有效方法。

2. 亲切的问候语

营销服务人员要善于运用问候语，亲切的问候语是启动与顾客和会员交流的

"金钥匙"。当顾客和会员走进会所时，员工必须面带微笑，亲切、礼貌地向会员打招呼。营销服务人员和其他员工，还要善于记住经常光临的顾客和会员，以其姓氏直接问候，这样会使会员感到亲切、温暖。

3. 主动热情

主动热情，不仅是体现俱乐部各项服务工作的基本要求，更是每一个营销服务人员诚恳的服务工作态度的体现。以饱满的热情，主动诚恳的服务态度为每一位顾客和会员提供周到的服务，这是高尔夫俱乐部服务品质优秀的重要表现。

4. 时时体现对会员和顾客的尊重

尊重他人，是高尔夫运动精神的重要体现，更是俱乐部营销服务人员的服务态度的重要体现。在与顾客和会员的服务的过程中，时时体现出对顾客和会员的尊重，实际上也是对顾客与会员应有权益的一种保护。

（二） 特殊情况下的礼仪规范

高尔夫俱乐部作为服务性的企业模式，所面对的顾客与会员都具有不同的个性心理特征与行为表现。当遇到特殊情况的服务对象时，作为营销服务人员和其他相关人员，应注意一下服务礼仪规范。

1. 当发现顾客或会员违反俱乐部规定时的服务礼仪

有些时候顾客、会员会不经意地违反了俱乐部的相关规定，此时的服务人员语言既要礼貌友善，又不失原则。比如当顾客或会员在不恰当的地方吸烟，此时的服务用语应该是："先生/女士您好！打扰您了！这里是无烟区，请您把烟熄掉好吗？谢谢您的合作。"

2. 当顾客和会员的要求超出俱乐部服务范围时的服务礼仪

有时新的顾客和会员可能对俱乐部的服务环境与服务设施不熟悉，于是会提出一些超出俱乐部服务设施范围的要求。此时，作为服务人员应该采用的服务语言是："先生/女士，真的非常抱歉，您的×××要求俱乐部暂时还不具备，很遗憾帮不了您，您看是否可以××××××？"

（三）其他常用礼仪规范

高尔夫俱乐部同其他服务性行业相比，既有一般服务行业的基本礼仪规范，也有高尔夫俱乐部自身服务过程中的礼仪规范的特点，以下是一些基本的服务礼仪规范介绍。

1. 介绍礼仪

在高尔夫俱乐部营销服务和其他与顾客交流的过场中，介绍顾客或会员，以及向顾客和会员做自我介绍，这是一种最基本的服务礼仪，其基本规范应该是：介绍他人时，掌心向上，手背向下，四指伸直并拢，拇指张开，手腕与前臂成一直线，以肘关节为轴，整个手臂略弯曲，手掌基本上抬至肩的高度，并指向被介绍的一方，面带微笑，目视被介绍的一方，同时兼顾客人。介绍自己时，右手五指伸直并拢，用手掌按自己的左胸。介绍时，应目视对方或大家，表情要亲切坦然。注意不要用大拇指指着自己，也不要用食指指点别人。

2. 名片礼仪

名片是标示姓名及所属组织、公司单位和联系方法的纸片。它是新朋友互相认识、自我介绍的最快而有效的方法。在人们交往过程中，交换名片是商业交往的第一个标准官式动作。作为高尔夫俱乐部营销服务人员，如果在与顾客或其他商务客人提交名片时，其基本规范应该是：两大拇指按名片上两角，两手掌托住名片，字正向对方，身体微倾向对方，并简单寒暄"多多关照"。

3. 同行礼节

在高尔夫俱乐部日常运营中，营销人员往往会带领新顾客或会员参观和体验俱乐部的各项服务设施，因此，在与顾客同行的过程中，要一边介绍一边行走，此时的礼仪规范应该是：在与顾客一同行走时，顾客应在右，营销人员在顾客左前方，引领半步的距离，并以侧身行走的方式，边走边介绍。三人同行中为尊，四人不能并排走。

4. 送客礼仪

俱乐部迎送顾客是最基本的服务礼仪，通常情况下是由专门的门童服务岗位来完成的。但有时营销服务人员在与顾客洽谈结束之后，送顾客离开俱乐部，此时的送客礼仪规范应该是：主动为顾客开门，并上体微微前倾，此时的礼貌语一般为：欢迎您再次光临，再见！如果顾客没有主动握手，营销人员保持上体微微前倾送别顾客；如果顾客主动握手，应配合顾客握手。

5. 鞠躬礼仪

在俱乐部不同的服务岗位，在与顾客和会员相遇时，有些俱乐部会要求员工向顾客行鞠躬礼，以示对顾客和会员的尊重。此时的鞠躬礼的基本规范是：身体向下弯曲成 30°角，头颈背一条线，目光落于体前 1 米处。

6. 握手

握手礼是现代商务活动中最基本的礼仪，但在与顾客和会员的交流过程中，握手的基本礼仪规范应该做到"五到"，即身到、笑到、手到、眼到、问候到。握手时间以 3~5 秒钟为宜，力度适中。遵循贵宾先、长者先、主人先、女士先的顺序。

第二节　高尔夫俱乐部商务活动的服务礼仪

在商务活动中，彼此体现相互尊重是重要的前提，为此，人们通过一定的行为准则来约束人们在商务活动中的行为规范，以求达到在相互尊重的基础上实现双方的交往目的。商务交往涉及的面很多，通常人们把商务礼仪界定为商务人员交往的艺术。高尔夫俱乐部具有商务运营的基本功能，因此，商务礼仪也就成为俱乐部服务的基本礼仪。

一、高尔夫俱乐部商务活动接待的服务礼仪

高尔夫俱乐部商务接待工作通常包括对来宾的迎接、招待和送别。俱乐部在实施商务活动服务的接待工作中，严格按照接待要求，规范各种礼节，让来客感受到尊重和热情。在针对重要宾客的接待过程中，既要展示公司的形象，又要充分尊重其需求，给来访者留下美好而难忘的印象。因此，高尔夫俱乐部在实施商务接待的服务过程中，如何运用商务礼仪的基本规范，完成服务接待工作，应做

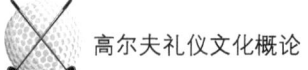

好以下方面的工作。

（一）了解客人的基本情况

接待人员在接到来客通知后，首先要详细问明来客的有关情况，如来访对象、来访人数、男女比例、职务级别、接待规格等；其次要了解客人的意图、目的（打球或参观、用餐等）和要求以及在住宿和日程安排上的打算。第三要了解客人到达的日期、所乘的车次和航班以及到达的时间，然后将上述情况及时向主管人员汇报，并通知有关部门和人员做好接待的各项工作。

（二）确定迎送的规格

按照身份对等的原则安排接待人员。对较重要的客人，应安排身份相当、专业对口的人士出面迎接，也可根据特殊需要或关系程度，安排比客人身份高的人士破格接待。对于一般客人，也可由公关部门派遣有礼貌、言谈流利的人员出面接待。

（三）布置接待环境

良好的环境是对来客的尊重与礼貌的表示。无论是俱乐部会所大堂，还是休息室或贵宾室，用于接待工作的环境应该明亮、安静、整洁、优雅，应配置沙发、茶几、衣架、电话等，以备接待客人进行谈话和通信联络之用。室内应适当点缀一些花卉盆景、高尔夫球场风景、球星照片、字画等，以增加高尔夫俱乐部商务接待的特别人文气氛，还可以放置几份时尚杂志、报纸和有关单位或俱乐部的宣传材料，供客人翻阅。

（四）做好迎客安排

根据到访客人的身份与级别，俱乐部安保部门与俱乐部行政，应提前做好迎客的车辆停放处、客人下车的地点，以及如果遇到下雨应做好的避雨用具等工作。行政部门或攻关部门应预先为客人准备好客房及膳食，如果对所迎接的客人不熟悉，需要准备一块迎客牌，写上"欢迎×××先生/女士"以及俱乐部的名称。

若有需要，还可以准备鲜花等。如果来宾有打球的需求，应根据俱乐部对贵宾接待的相关规定，进行有针对性的安排，如球杆的配置、衣帽、更衣橱等。

（五）对来宾礼貌相送

在俱乐部商务接待过程中，对来宾的一些打球、购物或其他活动的诉求，要尽量给予满足，实在解决不了的也要解释清楚，切忌盲目答应或置之不理。来宾在俱乐部专卖店购买商品时，要由专卖店的负责人专门介绍商品的内容，并协助接待人员办理一切手续。对于第一次来访的顾客，如果接待者能够寻找时机，巧妙地打动对方，会给对方留下终生难忘的印象，其作用难以估量。

来宾离开时，要礼貌送行。当来宾离开会所时，俱乐部相关负责人应在门厅处欢送。对于特殊宾客的商务接待工作，要确保每一个环节都能体现出对宾客的尊重。前台接待服务，要在一般接待服务的基础上更体现出良好的精神面貌和对宾客的热情与友好；餐厅的安排要让宾客富有至尊、舒适、雅致、温馨的感受，可以在事先了解宾客的饮食偏好，在用餐过程中安排，给客人以惊喜。在宾客离开俱乐部时，应按照宾客级别和俱乐部商务接待的服务流程与规定，排出相应级别的负责人在俱乐部会所门厅欢送。

二、以商务活动为主题的赛事组织礼仪的运用

高尔夫俱乐部具有竞技活动组织的基本功能，定期组织俱乐部会员比赛活动，或者对外承办以商务活动为目的的高尔夫赛事，是俱乐部运营过程不可缺少的服务内容。在以高尔夫赛事为载体的商务活动过程中，俱乐部不同岗位与相关人员服务礼仪的规范性，是俱乐部服务品质与整体管理水平的重要体现。

（一）高尔夫俱乐部会员赛事活动组织礼仪

俱乐部会员比赛（例赛），通常是指俱乐部定期为会员所组织的比赛活动，一般是由俱乐部组织和承办这类赛事。这类比赛既是为会员提供一个休闲、娱乐、轻松、和谐的社交平台，也是为会员所提供的商务活动服务的承诺。从组织者（俱乐部）和参与者（会员）的不同身份和作用来讲，在以会员比赛为主题的社交活动中，应注意如下礼仪规范。

1. 高尔夫俱乐部（比赛组织者）

作为会员例赛的组织者，应充分考虑会员比赛只有会员身份的球友方能参加的基本原则。因此，比赛时间一般都是放在"会员比赛日"，即俱乐部不对访客开放的时间进行。比赛的组织规模，应根据会员的不同技术水平（一般采用业余差点比赛的组织方式），采取分组比赛，以确保参赛会员之间比赛的公正、公平，通常俱乐部应按照以下流程来组织会员比赛。

(1) 迎宾与签到

在此过程中，包括门童接包服务与前台迎宾签到服务两个基本环节。由于会员例赛活动是俱乐部服务会员的常态性工作，一般无须设计迎宾的装饰性物品（如花卉、彩旗等），要让会员有一种主人的感觉，而不是俱乐部的客人。

(2) 比赛分组与出发

由于是会员的专场比赛，会员之间有些熟悉而有些尚不熟悉。因此，比赛分组通常是以会员参加会员例赛的报名时的信息作为分组的依据。有些会员在报名时会向俱乐部提出自己的分组要求，一般情况下俱乐部会满足会员的需求。因此，当会员来到会所时，通常就可以在"会员信息栏"中找到自己的分组。

参赛会员按照比赛分组到达乘车地点，此时，球童应按照迎宾的服务礼仪和要求，热情迎接会员，并将会员的随身物品和球包安全放置，确保会员的随身物品不遗失。

(3) 比赛结束与颁奖

会员打完 18 洞的比赛时，同组球童应提醒会员在记分卡上签字确认，并由会员将自己的记分卡送交专门统计成绩的服务台。一般情况下，俱乐部会为会员参赛准备精致可口的晚宴，并多采用自助餐的方式。俱乐部事先会把餐台按照颁奖需要的场地环境摆放好，供会员用餐。

会员比赛颁奖，是会员之间最好的交流时机。因此，颁奖的组织者要善于营造过程简约、温馨、融洽的颁奖活动，要让会员之间的交流有足够的空间与时间，不要让颁奖的活动时间太长，过程太繁琐。

2. 俱乐部会员（比赛的参与者）

会员参加由俱乐部组织的例赛活动，不仅是一次休闲娱乐活动，也是一次展现自我、拓展社会关系、加强与他人结识和交流的社交机会。因此，在参加会员例赛活动时，应注意以下问题：

（1）守时

遵守时间是高尔夫礼仪最基本的要求，无论是赛前签到，还是赛前的就餐、出发与开球，都应当按照比赛规程的时间要求到达指定的地点。

（2）遵守比赛规程与《高尔夫球规则》

遵守比赛规程和规则，是任何情况下参加任何比赛都理应遵守的最基本的礼仪。参赛球员只有自觉遵守比赛规程的各项要求，以及高尔夫规则的各项规定，比赛才能做到公正、公平。

（3）注意着装礼仪

高尔夫运动的着装礼仪，是一种"约定俗成"的规则。会员参加会员例赛的着装不仅要符合高尔夫运动的礼仪要求，还应当体现自己的着装个性化特点，要体现出有精神、有风度、有品质的着装风格。因为，有品质的着装总会为自己的社交活动加分。有些俱乐部在举行会员例赛时，会提醒会员统一着俱乐部会员服装，在这种情况下，会员就不宜再选择自己的服装。因为，遵守俱乐部的统一着装规定，也是反映会员自律意识的重要体现。

（4）注意颁奖晚宴的着装与行为表现

会员在比赛结束洗浴之后，应注意自己的着装礼仪和行为表现。因为，会员比赛的颁奖晚宴，是俱乐部会员高尔夫社交活动最重要的组成部分，应予充分重视。此时，会员着装既不能太随意，也不能太过于拘谨（此时不适合着正装），应具休闲性、有品位、有个性，与周围的环境相适应。而会员的行为表现，也应当具有社交活动最基本的礼仪规范，比如会员之间的寒暄与问候、相互认识与交流，以及对获奖会员的赞许等。当然，此时的就餐礼仪，也能看出一个人的修养与文明程度。

（二）高尔夫俱乐部邀请赛（或联谊赛）活动组织礼仪

不同形式和不同性质的高尔夫邀请赛，是以高尔夫为背景的社交活动的重要体现。无论是邀请赛的组织者（主办或承办），还是受邀参加比赛的相关嘉宾，重视邀请赛的社交功能与作用，并按照高尔夫运动所倡导的精神，履行参赛球员的责任与义务，是办好高尔夫邀请赛的重要基础。

1. 高尔夫邀请赛组织者

高尔夫邀请赛是指以不同名目和联谊形式为目的，由竞赛组织者邀请相关嘉宾参赛的竞赛组织形式。因此，这类比赛的组织形式实际上是一种形式多样、目标各异、组织灵活、参与者广泛的高尔夫赛事活动，具有十分显著的社会交际功能。

作为高尔夫邀请赛的组织者，在组织赛事活动时，应着重在以下方面注意赛事活动的礼仪规范。

(1) 赛前迎宾与签到

邀请赛的迎宾工作，是赛事组织者为应邀参赛嘉宾留下的第一印象，也是组织者的高尔夫专业水平、赛事组织能力和社会品牌（社团或企业）形象的重要体现。因此，赛前迎宾与签到应注意以下问题：

①迎宾人员热情到位，签到流程简约快捷；

②参赛嘉宾能及时了解比赛分组，比赛规则清晰易懂；

③赛事活动区域衔接合理，人员引导与组织得当；

④比赛物品的配送（如比赛中的饮品和食品），应提前落实到位。

(2) 比赛开球仪式的组织礼仪

比赛开球仪式，通常是赛事组织者展示形象和介绍特殊嘉宾的一项重要的仪式活动。因此，这项活动的组织形式、流程和方式，应以体现以下内容为主题：

①司仪介绍参加开球仪式的嘉宾；

②主宾致辞（通常是赛事主办者的领导，代表主办方致辞）；

③嘉宾致谢（通常是应邀嘉宾中德高望重的代表，也可以根据情况省略）；

④嘉宾开球（开球嘉宾的人数不宜太多，应注意重点突出、祥和热烈、宜简避繁）；

⑤主宾与应邀嘉宾合影；

⑥司仪送上祝语，开球仪式结束。

作为高尔夫邀请赛的开球仪式，一般会安排在 1# 球洞（或 10# 球洞）的发球台进行。在开球仪式上，应注意以下问题：

第一，应按照预定的开球仪式时间准时开始，主办者应提前通知并组织好嘉宾提前到达开球仪式场地。

第二，开球仪式现场应根据邀请赛的性质、规模，酌情设计主题背景和现场音响设备（一些小型的邀请赛，一般不做背景板）。

第三，主宾和嘉宾应着打球服装，因此，服务人员和司仪的着装，一般也按照高尔夫运动服装的着装特点着装。

第四，现场嘉宾应对开球嘉宾的开球鼓掌以示鼓励，不应取笑。

第五，开球结束后的合影，组织者应首先安排主宾与重要嘉宾就位，相关嘉宾迅速向主宾和重要嘉宾靠拢。

2. 受邀参加比赛的嘉宾

应赛事组织者邀请参加比赛的嘉宾，是赛事组织者处于答谢企业顾客、行业领导或其他社会贤达等而专门组织的高尔夫赛事活动。因此，作为被邀请者，除了应主办者之邀参赛之外，还可以与其他社会名人、贤达进行交流与切磋球技。因此，作为一种以高尔夫为主题的社交活动，受邀嘉宾应注意以下礼仪规范。

（1）按照组织者相邀时间准时到达比赛签到处。

（2）按照组织者着装要求参加比赛（有时邀请者会邀请参赛人员着赞助商派送的比赛服装）。

（3）及时了解比赛规程和"当地球场规则"。

（4）服从赛事组织者的比赛分组，不任意调换。

（5）准时到达开球仪式现场，在开球仪式过程中不做打手机、与别人谈笑或做其他事情。

（6）比赛结束时，应按照要求及时在计分卡上签字确认成绩，提交给赛事指定处。

（7）准时按要求出席比赛颁奖仪式，并注意自己的着装礼仪。

（8）不要在颁奖仪式过程中途退场（特殊情况应提前与活动负责人说明情况）。

（三）以商务活动为主题的赛事组织礼仪

以商务谈判为主题的高尔夫社交活动，通常是企业与企业之间，或者商务往来中相关各方，把打高尔夫球作为一种商务活动的交际平台社交形式。由于高尔夫运动的特殊环境与人文表现，以及一次运动所持续的时间，都能发挥其他商务谈判方式所不及的功能与作用。因此，以高尔夫运动作为商务往来的谈判手段，一向深受社会各界的重视与青睐。作为这类的高尔夫社交活动，活动发起人和参与者应注意以下问题。

1. 活动邀请发起人

（1）发起邀请的借口（活动主题）要适当，不应把解决某一商务活动的问题作为邀请的借口，以免使应邀者产生心理负担，甚至谢绝邀请。

（2）营造和谐与宽松的打球环境和氛围，正如前面所述，新朋友以和谐为主，重在感情投入；老朋友循循善诱，重在发展；合作伙伴加球友，竞技加调侃，重在娱乐。

（3）遵守高尔夫球场礼仪，树立良好的个人形象。俗话说"球品如人品"，如果打球过程中不遵守《高尔夫球规则》，不尊重高尔夫礼仪，就很容易使对方对合作失去信心，甚至终止合作。

（4）打球过程中，既要营造有利于受邀宾客发挥成绩的环境与条件，又要不失时机地掌握好与商务活动相关联的话题的切入，使大家既娱乐了身心，又促成了商务活动的预期结果。

2. 应邀参与者

（1）尊重活动发起人的邀请，在能参与的情况下，应按时到达所邀球场。若不能赴约，应表示歉意，并给对方以调整和取消订场的时间。

（2）按照高尔夫球场礼仪与一般社交礼仪规范与要求，在与主宾相约与整个活动过程中，既要谦虚温和，又不卑不亢。无论双方高尔夫技术水平高低，都要不失时机地对对方的球技表示赞许。

（3）对于主宾在打球中所讨论的商务话题，不应回避，应顺应当时的实际情况如实交流与沟通。对不能确定的事宜，应主动表示另约时间再谈。

（4）打球结束时，应主动向主宾表示感谢，并另约时间大家再同场竞技。如果大家所关心的商务话题得到解决或有实质性的进展，应相互祝贺。如果尚无明确的结果，也应表示出预祝大家的合作顺利，实现双赢。

小结：高尔夫俱乐部作为服务性的企业运营模式，产品营销与服务不仅是企业获利的基本方式，也是体现企业品质与社会形象的重要载体。在高尔夫俱乐部的产品营销服务过程中，正确运用服务礼仪与沟通技巧，不仅可以提升服务的质量与服务效果，也可以表现企业管理水平的重要内容。本章从高尔夫俱乐部产品营销服务的礼仪规范，着重在第一节介绍了与顾客沟通技巧和服务礼仪，以及高尔夫俱乐部商务活动的服务礼仪和赛事组织的礼仪；第二节介绍了高尔夫俱乐部在不同的企业服务活动中的礼仪规范等。通过本章学习，使大家对高尔夫俱乐部在企业不同运营过程中的礼仪规范有了一个基本认识和了解。

思考题：

1. 高尔夫俱乐部与顾客沟通技巧与服务礼仪。

2. 高尔夫俱乐部对顾客服务中的礼仪规范。

3. 以商务活动为主题的高尔夫赛事组织礼仪的运用。

本章作者：金银日　李勇勤

参考文献

[1] 郭沫若. 十批判书. 北京：中国华侨出版社，2008.

[2] 李大钊. 史学要论. 南京：江苏文艺出版社，2011.

[3] 吴亚初. 高尔夫概论. 北京：人民体育出版社，2011.

[4] 吴亚初. 高尔夫说"道". 广州：广东经济出版社，2011.

[5] 邹统钎. 俱乐部管理. 天津：南开大学出版社，2008.

[6] R&A USGA　高尔夫球规则（2008—2011）.

[7] 金正昆. 商务礼仪. 北京：北京大学出版社，2005.